KB240214

리플 빅뱅

미래 글로벌 금융, XRP가 지배한다

문창훈 지음

RIPPLE
BIGBANG

문창훈 지음

리플 빅뱅

미래 글로벌 금융, XRP가 지배한다

가디언

시장의 지형을 바꾸는 리플

《리플 빅뱅》 초판을 세상에 내놓은 지 어느덧 1년이 지났다. 그 사이 암호화폐시장은 역사상 유례없는 변화의 파고를 겪었다. 리플의 흔들림 없는 내재가치와 미래 비전을 굳게 믿었던 나 역시, 급변하는 환경 속에서 확신과 통찰을 더욱 깊이 다지게 되었다.

특히, 최근 미국 도널드 트럼프 대통령의 취임 이후 전 세계 암호화폐시장은 거대한 지각변동을 맞이했다. 백악관 주도의 크립토 위크 개최, 크립토 차르 부서 신설, 정책 보고서의 공식 발행 등, 미국이 직접 디지털 자산의 방향성을 정의하기 시작한 모습은 글로벌 시장에 강한 신호를 던졌다. 이와 동시에, 증권거래위원회(SEC)와 통화감독청(OCC), 연방예금보험공사(FDIC), 상품선물거래위원회(CFTC) 등 핵심 규제기관의 수장들도 변화의 바람을 맞고 있다. 폴 엣킨스 신임 SEC 위원장은 혁신과 규제 명확성을 동시에 추구하는 '프로젝트 크립토'를 출범시켰고, 조나단 굴드 OCC 청장은 비트코인 채굴회사 근무 경력을 바탕으로 친 암호화폐 노선을 강화하고 있다. FDIC와 CFTC에도 각각 디지털 자산에 우호적인 인사들이 리더를 맡으면서, 전통 금융권과 디지털 자산의 경계가 꾸준히 허물어지고 있다.

이러한 제도적 진화와 더불어 리플 재단·이더리움 재단 등 주요 프로젝트의 대규모 업그레이드, 기관투자자의 가속화된 진입, 실물연계자산(RWA)·디파이(DeFi) 등 블록체인 혁신 생태계의 전방위 확장까지, 시장의 모든 지형이 새롭게 바뀌고 있다. 하루가 다르게 복합적 변화가 일어나는 이 시점에서, 《리플 빅뱅》 또한 시대의 맥락과 흐름을 온전히 반영하기 위해 전면적으로 개정판 작업에 착수했다. 기존 내용을 현시점 정책과 시장 상황에 맞게 수정·보강하고, 최신 이슈와 기관의 채택, 그리고 미래 시장이 요구하는 가치의 본질까지 담아내고자 노력했다.

또한, 유튜브 채널 및 '타임레버리지 투자사관학교' 운영으로 더욱 깊고 실질적인 정보와 분석을 제공하며, 리플을 비롯한 미래 유망 프로젝트, 그리고 어떤 버블이 유행하더라도 옥석 가리기에서 살아남을 진정한 펀더멘털 코인에 집중하고 있다. 투자사관학교에서는 이러한 코인들의 내재가치와 장기 생존력을 중점적으로 분석하고 있다.

구독자 11만 명이 넘는 채널의 운영자로서, 많은 투자자들과 함께 호흡하며 늘 정직, 성실, 겸손이라는 삶의 세 가지 덕목을 가슴에 새기고 있다. 앞으로도 이런 기본자세를 잊지 않고, 변화무쌍한 시장 속에서 여러분과 함께 꾸준히 성장해갈 것을 약속드린다.

2025년 여름

문창훈 드림

PART 7
리플 빅뱅! 그 이유는 무엇일까?

PART 8
리플, 어떻게 투자하는 게 좋을까?

화폐 변혁의 서막

암호화폐의 가치 하락은 필연인가

2023년 11월 현 국제통화기금(IMF) 총재인 크리스탈리나 게오르기에바(Kristalina Georgieva)는 CBDC(Central Bank Digital Currency)가 현금을 대체할 수 있다고 발언했다. 이 말인즉슨 눈에 보이는 종이화폐가 아닌 보이지 않는 디지털화폐의 세상이 열린다는 뜻이며, 이는 곧 우리가 마주하게 될 디지털 세상으로 가는 과정임을 시사한다. 실제로 중국은 이미 현금을 쓰지 않고 모든 상거래를 디지털 위안화를 사용하여 QR코드로 결제를 진행하고 있다. 핸드폰 안에 있는 알리페이(Alipay)와 위챗페이(WeCaht Pay)가 없으면 결제를 할 수 없기에 중국의 거리를 활보하다 보면 핸드폰 충전 인프라가 충분히 잘 갖춰져 있는 것을 볼 수 있다.

디지털화폐는 0과 1의 디지털 정보로 이루어져 있기 때문에 복제가 훨씬 더 쉽다. 게다가 디지털의 특성상 원본과 복사본이 똑같기에 위조지폐를 잡아내는 것이 매우 어렵다. 이러한 문제를 해결하기 위해 미국 컴퓨터 과학자 차움 박사(David Chaum)는 신용카드 결제의 경우와 같이 은행이 위조지폐를 단속하게 하는 방법을 고안해 냈는데, 이를 '중앙집중형 전자화폐'라고 한다.

2008년, 미국의 투자 은행인 리먼브라더스 파산 사태(Lehman Brothers Bankruptcy)와 서브프라임 모기지 사태(Subprime Mortgage Crisis)로부터 촉발된 글로벌 금융위기를 겪은 사토시 나카모토(Satoshi Nakamoto)는 은행이란 존재를 배제한 상태에서도 동작이 가능한 전자화폐를 만든다. 이것이 바로 그 유명한 최초의 암호화폐 '비트코인(Bitcoin)'이다. 또한 은행을 대신해 위조지폐를 감별해 주는 기술적 수단, 그것이 바로 '블록체인(Blockchain) 기술'이다. 이렇게 은행을 배제하고 블록체인을 사용해 만든 전자화폐를 '암호화폐(Cryptocurrency)'라고 한다.

최근에는 각국의 중앙은행들이 직접 전자화폐를 발행하기

위해 준비하고 있다. 이를 '중앙은행 디지털화폐(CBDC, Central Bank Digital Currency)'라고 한다. 실제로 〈월스트리트저널〉에 따르면 지난 2022 베이징 동계 올림픽 개막식이 열린 2월 4일 베이징 국가체육장(버드 네스트 스타디움)의 상점들에서 비자(Visa)카드를 통한 결제보다 훨씬 더 많은 거래가 중국인민은행(PBOC)이 발행한 디지털 위안화(e-CNY)로 이뤄졌다고 한다. 디지털 위안화는 법정화폐와 똑같은 효력을 갖는 중국의 전자화폐로 알리페이나 위챗페이 등을 통해 사용이 가능하다. 재미있는 것은 중국인민은행은 디지털 위안화의 익명성을 '제어할 수 있는 익명성(controllable anonymity)'으로 부르고 있다는 사실이다. 제어할 수 있는 익명성이란 평상시에는 이용자에게 자신의 신원을 숨길 수 있는 옵션을 제공하지만, 유사시에는 법 집행 기관이 불법 거래를 추적할 수 있게끔 한 것을 말한다.

혹자는 CBDC가 널리 보급될수록 비트코인과 같은 암호화폐는 설 자리를 잃을 것이며 필연적으로 가치가 하락할 것이라고 말하기도 한다. 하지만 앞서도 언급했듯 디지털 위안화의 경우 온전한 익명성이 아닌 '제어 가능한 익명성'만을 제공하고 있다. 앞으로 CBDC의 세상이 도래한다면 영지식증명(zk-SNARK, Zero-Knowledge Succinct Non-Interactive Argument of

Knowledge)이라고 하는 기술이 돋보이는 시대 또한 펼쳐질 것이다. 또한 앞으로 펼쳐질 디지털 시대에서는 비트코인(BTC), 이더리움(ETH), 리플(XRP)을 통해 스테이블코인과 CBDC가 융합적으로 활용되는 시대가 펼쳐질 것이라고 보는 게 나의 생각이다. 그중에서도 리플은 디지털 결제의 가장 큰 유틸리티(Utility) 코인으로 자리매김할 것이다.

영지식증명(zk-SNARK)

증명자와 검증자 사이에 어떠한 상호작용도 없고 정보를 공개하지 않고도 특정 정보(예: 비밀 키)의 소유를 증명할 수 있는 증명 구조를 말한다. 좀 더 구체적으로 말하자면 한 당사자(증명자)가 진술 자체의 유효성을 넘어서는 정보를 공개하지 않고 진술이 사실임을 다른 당사자(검증자)에게 증명할 수 있도록 하는 메커니즘이다. 영지식증명(Zero-Knowledge Proof)의 원천 기술은 지캐시(ZEC. Z Cash)가 가지고 있다.

세상에서 가장 비싼 피자

2010년 5월 미국의 프로그래머인 라스즐로 하녜크즈(Laszlo Hanyecz)는 1만 개의 비트코인으로 피자 두 판을 구매했다. 이는 암호화폐를 활용해 최초로 실물 거래를 한 것으로, 이후 사람들은 이날을 축하하기 위해 매년 5월 22일을 '비트코인 피자데이'라고 부르며 기념하고 있다.

당시 피자 두 판의 가격이 30달러였으니 비트코인 1개당

0.3센트(0.003달러, 약 3.82원) 정도 했던 셈이다. 이 원고를 쓰고 있는 2025년 기준, 1비트코인의 가격은 한화로 약 1억 6천만 원 선으로 형성되어 있다. 비트코인은 2010년 약 1원(0.0008달러)에 거래되었으나, 불과 15년 만에 그 가치가 약 2천만 배 이상 폭등했다. 이러한 역사를 기록하고 있음에도 불구하고 암호화폐는 여전히 부동산이나 주식시장에 비해 매우 높은 변동성을 지닌 자산이라는 사실은 변함이 없다. 이러한 특성은 전체 암호화폐시장의 시가총액만 봐도 명확히 드러난다. 2025년 현재 전 세계 암호화폐시장의 시가총액은 2조 달러를 소폭 상회하는 수준으로, 이는 미국 대표 기술기업인 엔비디아(Nvidia)와 마이크로소프트(Microsoft) 각각의 개별 시가총액에도 미치지 못하는 규모다. 이처럼 암호화폐시장은 글로벌 금융 생태계 내에서 아직도 매우 초기 단계에 머물러 있음을 보여준다.

이 책은 블록체인의 탄생과 전반적인 암호화폐를 다루고 있는 보편적인 서적이기도 하지만 메인 주제는 리플이다. 특히 리플의 투자자들을 위한 책이라고 해도 과언이 아니다. 원고를 집필하는 과정에서 위키백과와 다양한 경제 기사를 참고하였다. 책 중간중간에 인용되어 있는 공식 논문 및 참고자료들을 함께 본다면 이 책을 이해하는 데 도움이 될 것이다. 나 또한 위키백과, 경제 기사, 공식 논문 및 문서를 통해 많은 공부를 할 수 있었다.

나는 리플 유튜브 채널, Time Leverage를 운영 중이다. 해당 채널은 단기 코인 트레이딩이 아닌 암호자산을 활용한 중장기적인 가치투자를 지향한다. 투자를 함에 있어서 마인드셋(Mind-Set)과 펀더멘털(Fundamental)에 집중하고 있는 채널이다. 내가 학습한 정보를 기반으로 하여 유튜브에 업로드한 콘텐츠의 내용들을 일목요연하게 정리한 책임을 미리 참고해 주길 바란다.

리플 투자를 하게 된 계기

2017년 나는 미국 펜실베이니아대학교(University of Pennsylvania)로 어학연수를 다녀왔다. 그곳에서 한국인뿐만 아니라 중국, 홍콩, 대만, 러시아, 브라질 등 다양한 국가에서 온 유학생들을 사귈 수 있었다. 영어가 어느 정도 익숙해지고 언어에 대한 장벽이 허물어지면서 새로운 환경에 적응이 되자 친구들과 미국이라는 나라를 편하게 관광하며 즐기는 시간도 가졌다. 그러던 중 한 중국인 친구가 나에게 리플이란 것을 처음 언급했다. 그때는 암호화폐에 대해서 인지조차 못하고 있을 때였다.

"Hey, do you know Ripple?"이라고 말하며 나에게 바이낸스(Binance) 거래소 앱을 보여주었다. 2017년 12월 그때 당시 리플은 하루가 다르게 폭등하고 있을 때였다. 그러면서 본인이 리플 투자로 돈을 벌었다며 나에게 식사 대접을 하겠다고 했다. 식사 대접을 잘 받은 뒤 술자리까지 함께하게 되었는데 대화 도중 본인의 사촌 형 이야기가 나왔다. 그 형은 MIT 슬론 경영대학원을 다니는데 그 형 덕분에 코인 투자로 돈을 벌 수 있었다는 것이다. 나는 그때까지만 해도 암호화폐(리플)에 대한 이야기가 전혀 와닿지 않았고, 그래서인지 그 중국인 친구의 말을 귀담아 듣지도 않았다.

나중에 알고 보니 그 중국인 친구 친형의 교수는 바로 현 미국 증권거래위원회(SEC, U.S. Securities and Exchange Commission) 위원장 게리 겐슬러(Gary Gensler)였다. 게리 겐슬러는 실제로 미국 증권거래위원회(SEC) 위원장을 역임하기 전 MIT 슬론 경영대학원 교수였다. 당시 게리 겐슬러는 친 암호화폐 성향이 강한 사람으로서 코인의 75%는 증권이 아니라고 말했었다. 또 2018년에는 암호화폐에 낙관적이라고 말하면서 "블록체인의 본질은 금융 시스템의 흐름에 관한 것이고, 블록체인은 금융 시스템을 넓힐 수 있는 신기술이다"라고 말한 바 있다.

하지만 2021년 1월 이후 미국 증권거래위원회 위원장을 역임하면서 암호화폐 생태계의 저승사자 역할을 도맡으며 "가상자산은 금융 전반에 악영향을 미칠 수 있다"고까지 언급했다. 이는 그의 입장이 180도 바뀐 것이다. 한 사람이 블록체인에 대해서 어떻게 이렇게 다른 견해를 보일 수 있을까? 이는 진행 중인 리플과 미국 증권거래위원회의 소송이 세력들의 장난질이라는 것을 뒷받침해 주는 과거 사례이다. 이 부분을 뒤에서 좀 더 자세히 다루겠다.

유튜브 Time Leverage의 시작

대부분의 사람들에게는 암호화폐에 대해서 긍정보다는 부정적인 프레임이 씌워져 있다. 2024년 4월에 개봉한 영화 〈범죄 도시 4〉에서도 코인으로 사기치는 시나리오가 펼쳐지는 것처럼 암호화폐가 부정적인 소재로 다루어지곤 한다. 그 이유는 비트코인을 비롯한 암호화폐들이 눈에 보이지 않기 때문이다. 그러니 암호화폐를 '허상'이라고 생각할 수 있다. 또한 대중들에게 금융교육이나 투자에 관한 학습이 수반되지 않았기 때문에 더욱 부정적인 시선으로 자리잡혀 있는지도 모른다.

나의 첫 암호화폐 투자 역시 정체 모를 대상이라는 의심과

호기심이 섞인 매매였다. 많은 사람들이 처음 접하는 코인은 그나마 매체나 주변 사람들에게서 들어본 대중적인 코인인 비트코인과 이더리움일 것이다. 나 또한 첫 투자를 비트코인과 이더리움으로 시작했다. 리플은 단지 해외 거래소 활용을 위한 전송용 코인으로만 인식하고 있었다.

그러던 2021년 회사 선배의 권유로 이더리움 채굴장을 함께 운영하였다. 현재는 이더리움이 지분증명방식(PoS, Proof of Stake)이지만 내가 채굴장을 운영했을 때는 작업증명방식(PoW, Proof of Work)을 취했었다. 채굴장을 운영하던 시절 어떤 그래픽카드로 어떤 암호화폐를 채굴할지, 채산성이 얼마나 나오는지, 전기를 얼마나 먹는지 등에만 신경이 쏠려 있었다. 돈벌이를 위한 채굴장 주인장이었기에 더욱더 채굴 코인의 미래 가치와 비전보다는 당시 가격으로 인한 수율을 계산하기 바빴다.

암호화폐 채굴을 막 시작한 당시 세 번째 비트코인 반감기 슈퍼사이클을 맞이하며 코인시장은 호황을 보였다. 그때는 마치 채굴기를 돌림으로써 돈 복사가 이루어지는 듯한 기분을 맛보았다. 한 달에 이더리움 약 2개가 나의 업비트 지갑으로 입금되었다. 그때 당시 이더리움의 가격은 개당 450만~500만 원을 웃돌고 있었다. 채굴기를 가동하는 전기세를 제외하고도 직장인 월급보다 더 많은 돈이 이더리움으로 들어오다 보니 그 당시에는 마치 부자가 된 듯한 기분을 느꼈다.

하지만 그 기쁨은 그리 오래가지 못했다. 채굴장을 운영한 지 6개월 만에 코인 시장에 큰 악재들이 뒤덮이기 시작했다. 첫 번째 악재는 2022년 5월 테라폼랩스(Terraform Labs) 파산이다. 신현성, 권도형을 필두로 한 테라(UST), 루나(LUNA) 사태로 시장에 공포 분위기가 치솟으며 코인 가격은 무섭게 하락하였다. 애석하게도 하락 빔은 이게 끝이 아니었다. 그 이후에도 코인 악재는 계속되었다.

테라, 루나 사태

테라(UST)는 스테이블코인으로 테라의 구조를 유지시키기 위해 등장한 것이 루나(LUNA)코인이다. 루나코인이 테라가 1달러(1$)를 유지할 수 있도록 하는 윤활유 역할을 해주는 셈이다. 루나가 그 역할을 잘할 수 있도록 대중들을 끌어들이기 위해 테라폼랩스는 루나코인에 20% 이자를 지급해 주겠다고 하여 선풍적인 인기를 끌었다.

하지만 대규모 자금 인출이 쏟아지며 한순간에 해당 시스템은 붕괴되고 투자자들의 신뢰가 깨지면서 순식간에 값어치는 사라지게 된 것이다. 테라폼랩스는 대규모로 인출되는 상황을 대비하지 못하였기 때문에 폭락을 맞이할 수밖에 없었다. 해당 사건으로 1주일 만에 시가총액 약 450억 달러가 사라지며 2024년 1월 21일 테라폼랩스는 파산신청을 했다.

나는 누군가 이 취약점을 노려 인위적으로 공격했다고 보고 있다. 그 공격자는 블랙록(BlackRock)을 필두로 한 월가의 헤지펀드들로 추정된다. 세력들의 장난질인 것이다.

2022년 11월 미국의 기업인 샘 뱅크먼 프리드(Sam Bankman-

Fried)가 창업한 전 세계 3위권 암호화폐 거래소 FTX가 파산한 사건까지 터지고 말았다. 모든 고객의 자산 인출이 중단된 금융사기로 장부거래 의혹이 제기되었다. 2022년 루나 대폭락을 뛰어넘어 암호화폐 최대 규모를 경신한 사건으로 암호화폐 시장 전체를 침체에 빠뜨렸다. 이와 더불어 채굴 코인의 대표 주자였던 이더리움이 발행 방식을 작업증명에서 지분증명으로 전환한 것이다. 지금도 그때를 생각하면 이더리움의 창시자 비탈릭 부테린(Vitalik Buterin)이 원망스럽다.

이런 이유로 채굴장 사업성은 완전히 무너졌고 많은 국내 채굴업자들은 사업을 정리해야만 했다. 그 이후 암호화폐 시장 또한 침체기를 겪기 시작했다. 나 또한 세상이 무너지는 것만 같은 기분을 느끼며 며칠 동안 잠을 못 이루기도 했다. '이를 어떻게 하면 극복할 수 있을까?' 계속 생각하고 대안을 찾기 위해 노력하였다. '전화위복(轉禍爲福, 어떤 불행한 일이라도 끊임없는 노력과 강인한 의지로 힘쓰면 불행을 행복으로 바꾸어 놓을 수 있다는 말)'이라는 사자성어를 가슴에 새기며 매일매일 긍정 확언과 멘탈 회복을 위해 명상과 자기암시로 생활했다.

그 노력의 일환으로 사색하는 시간을 갖기 위해 나만의 공간으로 만들 고시원을 선택했다. 약 2년 동안 고시원에서 생활하면서 '내가 어떤 사람인지', '내가 정말 무엇을 하고 싶은지', '무엇을 할 때 행복을 느끼는지' 찾으려고 노력했다. 독서와 운동을 통해 이를 계속 생각하려 노력했다. 그때 꽤 많은 책을 읽었는데 지금 되돌아보면 독서를 선택하길 참 잘한 것 같다. 스노우폭스 대표였던 김승호 회장이 언급한 100일 노트, 긍정 확언, 동기부여 영상 등을 매일 보면서 마음에 새기고 실천하며 나의 위기를 극복하려고 애썼다.

그러던 어느날, 내가 노력하는 것을 영상으로 기록하고 싶다는 욕구가 문득 생겼다. 글로 쓸지 영상으로 남길지 고민하다가 영상이 좀 더 생동감 있고 생생하게 기록될 거라 판단하여 유튜브 채널을 만들었다. 유튜브 채널은 개설했지만 콘텐츠의 주제도 제대로 정하지 않은 채 카메라와 마이크를 꺼내어 영상을 찍기 시작했다.

이제 채굴장 사업을 정리했으니 나의 코인 투자에 있어서 리셋 버튼을 누르고 다시 한번 시작해 보자는 마음으로 'Time Leverage'라는 유튜브 채널명을 지었다. 채널명의 시초는 간단했다. 내가 채굴장을 운영하며 생각했던 단어의 조합이었기 때문이다. '이 채굴기를 돌림으로써 나를 위해 일해주는 일꾼(채굴기)들이 생겼다. 전기에너지를 공급하여 이들을 돌리면 나는 암호화폐(수익)를 얻는다' 하는 생각으로, '시간을 들여 막대한 수익으로 치환한다'는 의미를 넣어 단어를 조합한 것이다.

그 이후 나는 조금씩 조금씩 암호화폐에 대해 더 공부하기 시작했다. 비트코인의 탄생을 알려주는 백서를 읽고 코인투자에 대한 기사를 스크랩하여 나만의 슬라이드를 만들어 나갔다. 2025년 8월 기준, 나의 암호화폐 Time Leverage 구글 슬라이드 프레젠테이션 페이지 수는 10,000장이 넘었다. 세계 경제의 흐름과 연계된 다양한 기사와 금융기관 및 블록체인 재단들의 공식 문서를 직접 스크랩하면서 나는 한층 더 깊은 통찰과 내공을 쌓아올릴 수 있었다. 그 과정에서 축적된 경험과 데이터 분석을 바탕으로, 이제는 리플의 가치를 의심 없이 확신하며 흔들림 없는 가치투자를 이어가고 있다.

팔라우공화국에서 시작된 어느 구독자님의 리플 투자

나는 분기에 한 번씩 구독자들을 대상으로 오프라인 콘퍼런스를 개최한다. 구독자들과 온라인상에서만 소통하다가 실제로 얼굴을 뵙고 인사를 나누면 언제나 새롭고 즐겁다. 콘퍼런스 시작과 함께 유튜브 방송 오프닝 멘트인 "반갑습니다! 타임 레버리지, 시간을 들여 막대한 수익으로 치환한다"라고 말하면 구독자들도 즐거워하며 열띤 호응을 해준다. 그런 분위기를 알기에 콘퍼런스 전날에는 설레서 잠도 잘 못잔다. 이제는 여섯 번째 콘퍼런스 행사를 준비하는 단계에 이르다 보니 원래 알던 사이처럼 만나면 반갑게 인사를 나누는 단골 참가 구독자들도 꽤 생겨났다. 그중 한 구독자의 리플 투자 계기를 이 책에 공유하고 싶다.

그녀는 2015~2016년에 팔라우공화국으로 여행을 갔었다고 한다. 팔라우는 오세아니아의 미크로네시아 캐롤라인 제도에 있는 연방 국가로서, 필리핀의 남동쪽, 인도네시아 서뉴기니의 북쪽에 위치한 작은 섬나라이다. 2006년에 코로르에서 응게룰무드로 수도를 옮겼다. 공용어로 팔라우어와 영어를 사용한다. 팔라우는 현자 공화국으로 독립하였지만, 과거 제2차 세계대전 종전 후 샌프란시스코 강화조약에 따라 미국의 신탁통치령이 되었던 나라이다.

그녀의 이야기로는 당시 부통령과 나라를 대표하는 고위급 인사들과 식사 자리가 있었다고 한다. 식사를 마치자 바로 거기에서 식사비를 리플로 결제하는 것을 목격했다는 것이다. 그로 인해 그녀는 리플에 '뭔가 있구나'라는 생각으로 리플 투자를 시작하여 지금까지 5년째 이어오고 있다고 한다.

나는 구독자인 그녀에게 팔라우에서 리플을 투자한 계기에 관해서 물어봤다. 사업으로 워낙 바쁜 그녀는 답변이 조금 늦었지만 성의 있게 회신해 주었다. 해당 구독자가 나에게 보내준 메시지를 그대로 첨부하겠다.

안녕하세요, 타임 레버리지님!

1주일 동안 하노이에 골프를 다녀오느라 답신이 늦었습니다. 죄송합니다. 제 선배가 팔라우에서 15년 전부터 '팔라우 에코 테마 파크'라는 관광지를 운영했었습니다. 외국인은 땅을 소유할 수 없기 때문에 50년 장기 임대로 진행이 되기에 팔라우 정부와 긴밀하게 잘 지내는 시스템일 수밖에 없습니다.

팔라우는 관광이 주가 되는 섬나라이기에 환경이 매우 중요합니다. 나무 한 그루를 베어도 정부에 허가를 받아야 할 정도죠. 대부분의 생필품은 거의 수입이라고 보면 됩니다. 물가도 비싸죠. 그러다 보니 국민들의 행복지수는 높지만 대부분 매우 가난합니다.

선배는 교육을 제대로 못 받는 팔라우 사람들을 계몽하고 싶어 직원을 모두 팔라우 현지인들로 채용해 운영했어요. 그 과정에서 직원들의 거짓말, 게으름, 속임수, 배신……. 그런 스트레스가 너무 많아 쓰러지는 바람에 한국으로 돌아와 병원에 몇 달을 입원하고 치료해야 하는 상황이 벌어졌어요. 결국 믿고 맡길 수 있는 후배인 제게 부탁을 해서, 저는 그 공백을 메우며 대신 운영을 몇 개월 했었습니다.

2015년부터 2016년까지 새벽 4시에 일어나 10명 정도 되는 직원들 픽업부터 일이 시작되고 하루 종일 외국인 관광객들에게 짐 라인과 폭포 꼬마기차 등을 안내하고 직원들 관리하는 일을 했어요.

그땐 인터넷이 되는 곳도 몇 군데 없었죠. 인터넷망이 안 깔려 인터넷이 되는 집이 거의 없었어요. 큰 관공서나 호텔, 공항 정도. 한국에서 일주일에 2회 직항이 있었는데 중학교 규모만한 팔라우공항에 대한항공, 아시아나 작은 사무실에서 잘 안 잡히는 신호 잡아 카톡 한 번 보내려면 1~2시간이 걸렸었어요. 인터넷뿐만 아니라 모든 환경이 열악했어요.

저는 한국에서 사업을 하고 있었는데 20년을 넘게 오랫동안 보아왔던 친한 선배가 쓰러지며 제게 부탁을 해서 책임감을 가지고 혼자 가서 씩씩하고 용감하게 대신 운영을 했었죠. 밖에서 보기에는 정말 너무 아름답고 환상적인 섬나라지만 권총과 칼을 베게 밑에 넣어두고 지내야 했어요. 원주민들이 사는 빌리지 안에 집에 있었는데, 좀도둑 소행인지 퇴근해 돌아오면 TV도 없어지고 하루는 총도 없어지고, 그다음 날은 칼도 훔쳐가고……. 한번은 밤에 누가 침입하려고 해 경찰에 신고했는데 제가 외국인이라 찾을 생각도 안 하고 자국민 편만 들더라구요. 그래도 책임감으로 선배가 퇴원해 올 때까지 이를 악물고 버텨왔던 기억이 나네요~~. 재밌는 추억이기도 하죠~.

그런 작고 힘 없는 나라에서 리플을 자국통화로 쓴다고 해서 처음에 뭔가 있다…… 라는 생각이 들었어요. 팔라우라는 나라는 스스로 이런 걸 할 수 있는 나라가 아닌데……. 기본적인 인터넷망조차 잘 되어 있지 않은 이런 나라에서 그걸 추진할 만한 인재가 없는데…….

어쩌면…… 미국령에서 독립된 지 얼마 안 된 작은 나라니까 미국에서 테스트 배드로 활용하기에 최적일 것이다. 운용상의 오류나 개선점들을 최적화해서 미국에서 사용하려는 전략인 듯 싶다…… 라는 생각이 들었죠.

전 사실 13년 전쯤 비트코인을 100만 원만 사놓으라는 얘기를 미국에서 온 한국 바이어에게 권유받았었어요. 그 말을 듣고도 그때는 이 사람이 나한테 사기를 치려고 하는 건가? 비트코인이라는 게 뭐야? 게임머니인가? 가상의 화폐라는 건데 그게 뭐야? 그런 게 어딨어? 영화 찍어? 그러고 흘려보냈어요. 기회를 기회인지 모르고 날린 거죠~. 그때 그게 뭔지 알아보고 샀더라면 제 인생은 엄청 많이 달라져 있겠죠. 그래서 팔라우에 리플 테스트를 하려는 걸 보고 확신이 들었죠.
'두 번째 기회를 그냥 날릴 수는 없다'라고.

해당 구독자님의 이야기를 들으니 나도 팔라우공화국을 꼭 가보고 싶어졌다. 실제로 많은 구독자들이 과거 1995년에서 2001년에 걸쳐 나타났던 거품경제 현상인 닷컴 버블(dot-com bubble)을 기억하고 있다. 그러면서 '내가 그때 닷컴 버블 이후 살아남은 회사에 투자했더라면' 하는 생각을 많이 할 것이다. 예를 들면 '구글', '메타(구 페이스북)', '마이크로소프트', '아마존', 그리고 우리나라의 '네이버' 등에 투자했더라면 어땠을까, 이런 생각을 많은 사람들이 할 것이다. 정말 그때 투자 기회를 잡았다면 지금은 막대한 부의 반열에 올랐을 텐데.

굳이 과거를 들추지 않아도 현재 암호화폐 생태계는 닷컴 버블 즉, 인터넷 혁명이 일어나기 전의 초기 단계와 굉장히 유사하다. 이 책을 읽는 독자들도 다가오는 인생을 송두리째 바꿀 기회가 곧 찾아온다는 것을 인지했으면 한다. 이는 블록체인과 인공지능(AI)을 필두로 한 4차 산업혁명이다.

부의 흐름을 알려면 유대인을 알아야 한다

기원전 63년으로 거슬러 올라간다. 이때 로마가 이스라엘을 정복하고 그 땅에 살던 유대인들을 강제 이주시켜 버렸다. 쫓겨난 유대인들은 세계 곳곳으로 흩어졌다. 타국에 정착한 그들은 유대인 특유의 상인 기질로 많은 돈을 긁어모으기 시작했다. 현지인의 불만이 점점 높아졌고, 급기야 '유대인 재산 상속 금지법'을 만들어 유대인의 재산 상속을 원천적으로 막아 버렸다. 유대인들은 고민하기 시작했다. '이제 우리 아이에게 무엇을 물려줄 것인가?'

유대인이 위대한 유산으로 선택한 것은 유대인의 전통 공부법이자 교육법인 '하브루타(Havruta)'였다. 이는 친구를 의미하는 히브리어인 '하베르(Haver)'에서 유래한 용어로, 학생들끼리 짝을 이루어 서로 질문을 주고받으며 논쟁하는 유대인의 전통적인 토론 교육 방법이다. 유대교 경전인 《탈무드(Talmud)》를 공부할 때 주로 사용한다.

나이와 성별, 계급에 차이를 두지 않고 두 명씩 짝을 지어 공부하며 논쟁을 통해 진리를 찾아가는 방식이다. 이때 부모와 교사는 학생이 마음껏 질문할 수 있는 환경을 만들어 주고 학생이 스스로 답을 찾을 수 있도록 유도하는 역할을 한다. 하브루타는 소통하며 답을 찾아가는 과정 속에서 다층적으로 지식을 이해하고 문제를 해결할 수 있다는 장점이 있다. 하나의 주제에 대한 찬반양론을 동시에 경험하게 되므로 이를 통해 새로운 아이디어와 해결법을 이끌어 낼 수도 있다. 이처럼 유대인의 밥상머리 교육인 하브루타는 학교에서뿐 아니라 부모와 아이가 질문을 기반으로 끊임없이 대화와 토론을 하며 교육하는 것이다. 이를 통해 유대인은 삶의 지혜를 전수하고 유대 언어와 정체성을 지켰다. 그 결과 2천 년 동안 전 세계를 떠돌아다니던 유대인은 1948년에 다시 나라를 세웠다.

내가 보기에 유대인의 밥상머리 교육은 세상을 살아가는 데 필요한 최고의 교육법이다. 미국행동과학연구소는 가장 효과적인 공부방법을 밝혀내기 위한 실험을 했다. 가장 흔히 쓰는 공부방법 7개(강의 듣기, 읽기, 이러닝, 시범강의, 집단 토론, 체험하기, 서로 설명하기)를 공부그룹으로 만들고 동일한 내용을 주고 공부를 시켰다. 하루가 지나서 시험을 보았는데 100점 중에 5점을 받아 가장 효율성이 낮은 공부방법으로 밝혀진 것은 '주입식 강의 듣기' 그룹이었다. 90점으로 최고 점수를 받은 것은 '서로 설명하기' 공부그룹이었다. 이는 유대인들이 밥상머리 교육에서 늘 하는 방식이다. 가족끼리 질문하고 대화하는 유대인 밥상머리 교육은 최고의 공부방법인 것이다.

오늘날 유대인들은 밥상머리 교육을 통해서 전 세계의 부와 권력을 모두 장악하고 있다. 세계 10대 부자 중 8명이 유대인이며, 세계 500대 기업 CEO의 41.5%가 유대인이다. 그뿐만이 아니다. 전체 노벨상의 23% 이상(230개)을 수상했다. 고작 1,400만 명의 인구로 하버드대학교 재학생 30% 이상을 차지하고 있고, 교수는 무려 40% 이상이다. 유대인들은 그 비결을 한결같이 하브루타 밥상머리 교육이라고 말한다. 그들의 밥상머리 교육은 체계적인 공부방법과 교재가 있다. 공부방법은 소크라테스 질문식 대화법이고, 교재는 탈무드와 토라(구약성경)이다. 덕분에 모든 유대인들은 동일한 밥상머리 교육을 하고 있다. 그렇게 자라난 아이들이 교사가 되어 학교에서도 하브루타로 공부를 가르친다.

우리나라 학생들이 주입식 교육으로 달달 외우는 시간에 같은 또래 유대인들은 질문하고 대화하고 토론하며 답의 근원을 찾는다. 대화하고 토론하는 과정에서 남과 다른 자기만의 생각을 말하는 습관을 들인다. 그게 비판적 사고력으로 연결되고, 창의력을 폭발시킨다. 노벨상 230개는 거기서 나왔다고 볼 수 있다. 한국은 노벨상을 애타게 기다리고 있는데, 우리도 질문을 기반으로 대화와 토론하는 수업으로 바꾸면 좋은 성과가 나오지 않을까 기대해 본다.

대표적인 유대인 가문인 로스차일드 가문

로스차일드 가문(Rothschild family)은 독일 유대계로 국제적 금융재정 가문이다. 이는 1744년에 태어난 독일 프랑크푸르트 자유시의 유대인 은행가인 마이어 암셀 로스차일드로부터 시작된다. 그는 5명의 아들에게 사업을 분배해서 맡겨 최초의 국제적 은행을 설립한 후 막대한 부를 축적하였다. 19세기에 로스차일드 가문은 세계에서 가장 부유한 가문으로 올라섰으며, 현재까지도 그 명예를 지켜나가고 있다.

가문의 재산은 시간이 지나면서 기하급수적으로 불어났고, 로스차일드 가문이 관여하는 사업은 수많은 분야를 망라하여 걸쳐 있는데, 국제 금융, 주식, 광업, 에너지 사업, 비영리 사업까지, 그 범위를 꾸준히 확장시키고 있다. 이와 같은 엄청난 부의 규모 때문에 로스차일드가는 종종 국제 정치와 경제를 장악한 음모론의 주인공이 되기도 한다.

현재 세계 최대의 자산운용사로 손꼽히는 블랙록(Blackrock)과 뱅가드(Vanguard)의 뿌리가 로스차일드 가문과 석유의 황제로 불리는 록펠러 가문의 손아귀에 있다는 말도 떠돈다. 심지어 록펠러 재단 또한 유대계라는 음모론이 있다. 여기서 중요한 것은 유대계 자본으로부터 이 세상의 기득권층이 형성되었으며 그들이 미래를 설계하고 부를 이어간다는 것이다.

막강한 지위를 가진 유대인, 글렌 허친스

우리가 또 주목할 만한 인물은 전 나스닥 회장이자 유대계 혈통인 글렌 허친스(Glenn Hutchins)이다. 미국의 중앙은행인 연방준비제도이사회 산하에서 공개시장조작정책의 수립과 집행을 담당하는 연방공개시장위원회(FOMC)라고 불리는 기관이 있는데, 그 중심은 미국의 싱크탱크인 브루킹스연구소 내 글렌 허친스센터이다. 허친스센터는 재정과 통화정책을 담당하는 연구소로 글렌 허친스가 만들었다. 그곳에서 미국 연방준비제도(FED)의 전 의장 벤 버냉키(Ben Bernanke), 미국 현 재무부 장관 재닛 옐런(Janet Yellen), 미국 연준의 전 부의장 도널드 콘

연준 재임 시 직책(재임기간)	현 직책
벤 버냉키(Ben Bernanke) 전 의장(2006~2014)	브루킹스연구소 명예선임연구원
재닛 옐런(Janet Yellen) 전 의장(2014~2018)	허친스센터 특별연구원 재무부장관
도널드 콘(Donald Cohn) 전 부의장(2006~2010)	브루킹스연구소 선임연구원 및 허친스센터 전문가
넬리 량(Nellie Liang) 금융안정정책연구소장(2010~2017)	브루킹스연구소 선임연구원 및 허친스센터 전문가
루이즈 셰이너(Louise Sheiner) 이코노미스트(1997~2014)	허친스센터 특별연구원

허친스센터 출신의 연준 고위급 인사들 목록

(Donald Cohn) 등 전직 연준의 고위층 인사가 연구원 신분으로 둥지를 틀고 활동해 왔다.

이렇듯 허친스는 미 연준과 유착관계가 농후한 인물로서 그가 어떤 말을 하는지 지켜볼 필요가 있는데, 다음과 같은 말을 했다. "암호화폐는 가장 잠재력 있는 기회다. 그 이유는 우리 삶에 있어서 가장 중요한 요소는 '정보'와 '가치'인데, 현재 우리는 정보를 세계 어느 곳으로나 빠르게 전송할 수 있는 세상을 만들었고 이제 다음은 가치의 차례이기 때문이다." 또한 그는 2018년부터 '리플'과 '이더리움'은 끝까지 생존할 것을 예견하였다.

그의 이력을 좀 더 구체적으로 살펴보겠다. 글렌 허친스는 1977년에 하버드대학에서 학사학위를 취득했다. 1983년에는 하버드 경영대학원과 하버드 로스쿨에서 동시에 합동 JD/MBA 프로그램을 이수했다. 그 이후 케미칼 뱅크(Chemical Bank)에서 신용 분석가로 커리어를 쌓았고, 1992년까지 미국의 사모펀드인 토마스 리 파트너스(Thomas H. Lee Partners, L.P.)에서 경력을 쌓았다.

시간이 지날수록 그의 영향력은 점점 커졌는데, 회사를 떠나면서 경제 정책에 초점을 맞춘 수석 고문으로 미국의 42대 대통령인 빌 클린턴(Bill Clinton) 대통령 전환팀에 합류했다. 그 이후에는 세계 초대 자산운용사 블랙록의 뿌리인 블랙스톤(Blackstone)에 합류하여 수석 전무 이사를 역임했다.

그는 꾸준히 성장하며 1999년 로저 멕나미(Roger McNamee)와 데이비드 룩스(David Roux)와 함께 미국의 사모펀드인 실버레이크 파트너스(Silverlake Partners)를 공동 창립했다. 또한 2011년부터 2020년까지 뉴욕 연방준비은행 이사이자 감사 및 위원회 위원장을 역임했다. 현재는 사모펀드 투자에 중점을 둔 투자 회사인 노스 아일랜드(North Island)의 회장을 맡고 있다.

이 외에도 부르킹스연구소(Brookings Institution)의 이사회 의장, 방코 산탄데르(Banco Santander)의 이사회, 싱가포르의 국가

펀드인 싱가포르투자청(GIC)에서 투자위원회 및 국제자문위원회, 나스닥의 전 이사 등 여러 기관에서 이사회 자리를 역임했다. 그의 이력을 살펴보았을 때 금융 최고 전문가 집단의 일원이라고 봐도 무방하다는 것을 느낄 수 있을 것이다. 리플사(Ripple Labs)의 CEO인 브레드 갈링하우스(Brad Garlinghouse)가 실버레이크의 수석 고문 출신임을 확인해 보았을 때, 글렌 허친스와 유착관계가 있는 것으로 짐작할 수 있다.

투자를 하기에 앞서 세상을 지배하는 세력, 기관들에 관하여 공부해 볼 필요가 있다. 시대의 흐름과 고위급 인사들의 유착관계를 인지하여 암호화폐 생태계에서 자신 있게 가치투자를 이어갔으면 좋겠다. 유대인 중에서 우리가 알만한 유명인사들을 나열해 보겠다.

- 재닛 옐런(Janet Yellen): 미국 현 재무부 장관
- 워런 버핏(Warren Buffett): 세계적인 억만장자이자 버크셔 해서웨이의 수장
- 마크 저커버그(Mark Zuckerberg): 구 페이스북, 현 메타의 창업자
- 아인슈타인(Einstein): 상대성 이론을 개발한 역사적인 물리학자이자 세계적인 천재
- 세르게이 브린(Sergey Brin), 레리 페이지(Larry Page): 구글 공동 창업자

- 마이클 블룸버그(Michael Bloomberg): 전 뉴욕 시장, 세계적인 억만장자
- 랄프 로렌(Ralph Lauren): 패션의 대가이자 랄프 로렌 코퍼레이션의 설립자. 우리가 잘 알고 있는 폴로(Polo)와 연관성이 있다.
- 벤 버냉키(Ben Bernanke): 전 연준 의장
- 스티브 발머(Steve Ballmer): 전 마이크로소프트 CEO 등
- 헨리 키신저(Henry Kissinger): 전 미국 국무장관, 노벨평화상 수상
- 래리 핑크(Larry Fink): 블랙록 CEO
- 데이비드 솔로몬(David Solomon): 골드만삭스 CEO
- 래리 엘리슨(Larry Ellison): 오라클(Oracle) 공동 창업자, 미국 IT산업의 개척자
- 마이클 델(Michael Dell): 델 테크놀로지스 창립자, 혁신적인 글로벌 기업가
- 에스티 로더(Estée Lauder): 세계적 화장품 브랜드 에스티 로더 창립자
- 조너스 소크(Jonas Salk): 최초로 폴리오(소아마비) 백신을 개발한 의학자
- 로버트 오펜하이머(Robert Oppenheimer): 원자폭탄 개발을 이끈 물리학자
- 닐스 보어(Niels Bohr): 노벨 물리학상 수상자, 원자 구조 연구 선구자
- 리처드 파인만(Richard Feynman): 노벨 물리학상 수상자, 양자물리학 권위자
- 데이비드 벤구리온(David Ben-Gurion): 이스라엘 건국의 아버지, 초대 총리

유대인 출신의 인물들이 미국 경제의 90% 이상을 휘어잡고 있다고 봐도 무방하다. 그러므로 우리는 투자를 함에 있어서 위와 같은 유더인들이 세계적인 기업과 명실상부한 패권국가인 미국에서 영향력 있는 인물로 자리매김하고 있음을 알고 있어야 한다.

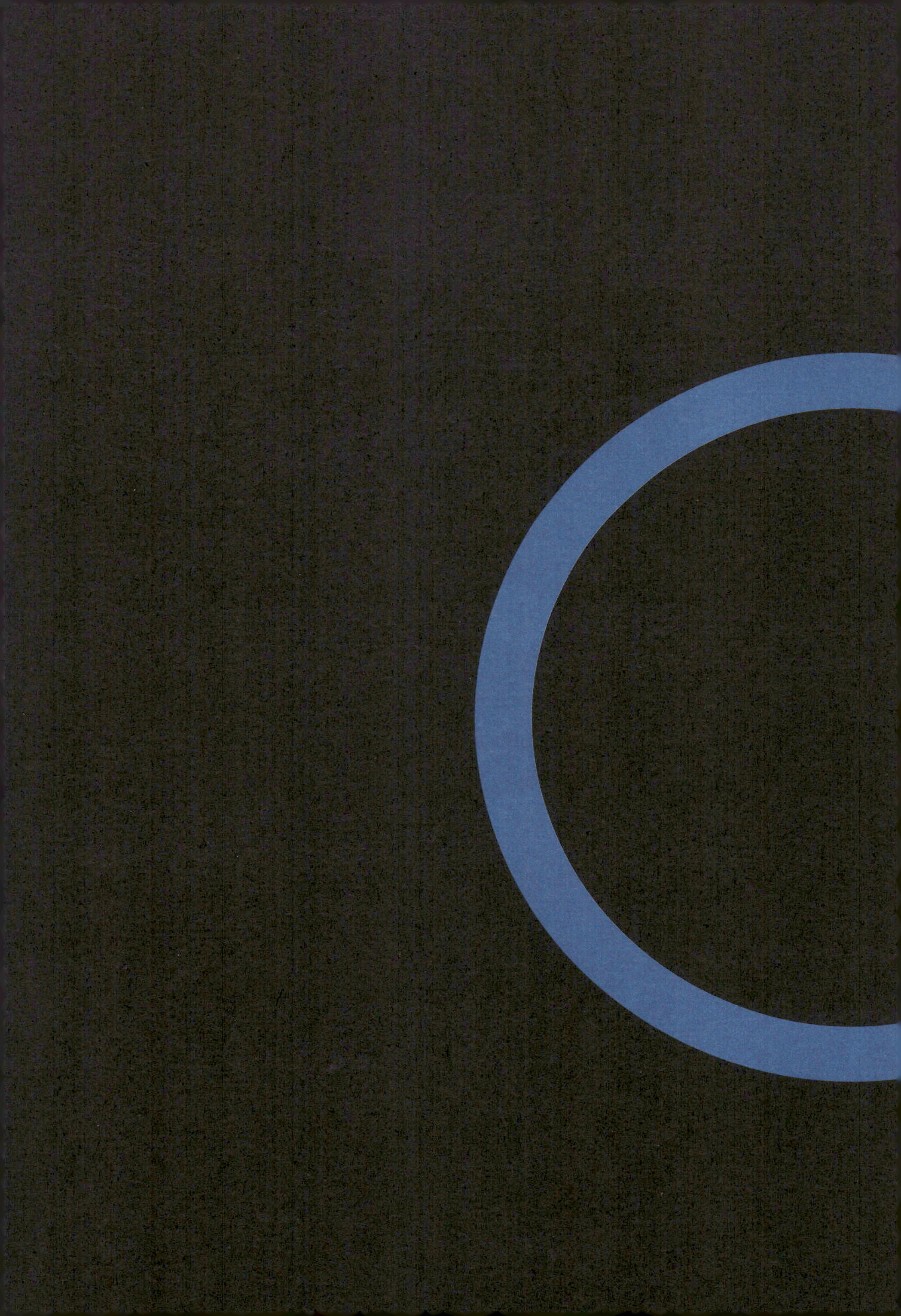

비트코인의 탄생 배경과
달러 패권의 역사

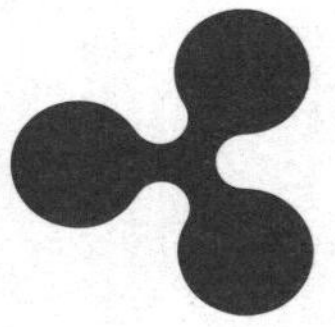

01
최초의 블록체인
그리고 달러의 시작과 끝

Bitcoin: A Peer-to-Peer Electronic Cash System

Satoshi Nakamoto
satoshin@gmx.com
www.bitcoin.org

Abstract. A purely peer-to-peer version of electronic cash would allow online payments to be sent directly from one party to another without going through a financial institution. Digital signatures provide part of the solution, but the main benefits are lost if a trusted third party is still required to prevent double-spending. We propose a solution to the double-spending problem using a peer-to-peer network. The network timestamps transactions by hashing them into an ongoing chain of hash-based proof-of-work, forming a record that cannot be changed without redoing the proof-of-work. The longest chain not only serves as proof of the sequence of events witnessed, but proof that it came from the largest pool of CPU power. As long as a majority of CPU power is controlled by nodes that are not cooperating to attack the network, they'll generate the longest chain and outpace attackers. The network itself requires minimal structure. Messages are broadcast on a best effort basis, and nodes can leave and rejoin the network at will, accepting the longest proof-of-work chain as proof of what happened while they were gone.

〈비트코인 백서〉의 개요 일부(자료: bitcoin.org/bitcoin.pdf)

비트코인은 어떻게 탄생했을까? 언론마다 비트코인의 탄생 배경을 제각각 설명하고 해석한다. 그중에서도 다음 이야기가 많이 회자된다.

가설 1. 비트코인을 만든 건 미국 정부이다.

가설 2. 비트코인을 만든 건 중국 정부이다.

가설 3. 비트코인을 만든 건 미국 캘리포니아의 한 개발자 할핀(Halfin)이다.

국가별 비트코인 보유량을 보면 1위가 미국, 2위가 중국이므로 가설 1, 2는 어느 정도 납득이 된다. 그렇지만 많은 비트코인 전문가들은 비트코인을 만든 사람을 할핀으로 확신했다. 그 이유는 그가 비트코인의 탄생 전 사토시에게 개발 코드를 공유받은 인물이자 최초로 10개의 비트코인을 받아 거래한 인물이기 때문이다. 유감스럽게도 할핀이라는 사람은 2014년 루게릭병으로 세상을 떠났다. 어떤 학계에서는 비트코인을 30여 년간 유대 암호화폐 학자들이 연구를 통해 만든 산물로 보고 있다. 확실한 건 최초의 암호화폐라고 불리는 비트코인이 하루아침에 뚝딱 만들어진 것은 아니라는 것이다.

나는 비트코인의 탄생이 세상을 지배하는 글로벌리스트, 자산운용사의 최상부에 있는 어느 세력들의 의도라고 생각한다. 이는 비트코인의 탄생 시점만 보더라도 세계 경제를 휘어잡은 금융세력들의 의도라는 것을 알 수 있다. 비트코인 첫 코딩의 시작은 2008년 10월에 '사토시 나카모토'라는 가명을 쓴 프로그래머에 의해 만들어졌다. 비트코인은 2009년 1월에 소스를 정식으로 배포하며 세상에 모습을 드러냈다. 이는 2008년 미국발 금융위기 서브프라임 모기지 사태와 리먼브라더스 파산 사태가 있고 난 바로 직후이다.

많은 서적과 전문가들의 말에 따르면 통화의 역사는 약 100년 정도라고 본다. 미국의 달러가 기축통화로 자리매김하게 된 원인은 다름 아닌 전쟁이었다. 기준에 따라 다르겠지만 제1차 세계 대전의 시기로 본다면 달러의 역사는 100년이 넘어간다.

달러의 역사를 간략하게 살펴보자. 제1, 2차 세계 대전 중 세계 각국이 보유하던 금이 물자 구매대금과 배상금 명목으로 강력한 경제력과 군사력을 보유한 미국으로 흘러들어갔고, 그 결과 종전 당시 미국은 전 세계 금의 70%를 보유하게 되었다. 1944년 미국은 이를 바탕으로 금 1온스(oz)를 35달러에 연동시키는 '브레튼우즈 체제'를 구축함으로써 세계 유일 기축통화의 패권을 갖게 되었다.

하지만 이는 오래가지 못했다. 미국은 베트남전쟁 수행 비용을 충당하기 위해 달러를 계속 찍어내 통화량을 늘렸고, 결국 국가가 보유하고 있던 금의 가치를 넘어서고 말았다. 이러한 상황을 지켜보던 여러 국가는 달러를 금으로 교환해 달라고 요청했다. 그러나 쇄도하는 주변국의 요청을 감당하기 힘들었던 당시 미국의 닉슨 대통령(Richard Nixon)은 1971년 8월 15일, 금과 달러의 교환을 중지한다는 성명(닉슨쇼크, Nixon Shock)을 발표하였다. 갑작스러운 브레튼우즈 체제의 종말은 달러 가치 저하와 전 세계의 인플레이션으로 이어졌다.

무너져가던 미국 달러의 위상은 석유로 인해 다시 떠오르게 되었다. 미국은 사우디아라비아와 비공식 계약을 맺는데, 미국이 사우디에 군사력을 제공해 주는 대가로 사우디는 원유 거래 결제 수단으로 오직 달러만 취급한다는 내용이었다. 달러가 있어야만 산업 동력의 핵심인 원유를 구매할 수 있으니, 닉슨쇼크로 내재적 가치를 상실한 미국 달러에 대한 수요는 다시 치솟기 시작했다. 그 결과 현재 지구상에서 유통되고 있는 전체 통화량의 21%는 달러이며, 국제 무역 결제 88%가 달러를 통해 이루어지는, 달러가 기축통화의 자리를 차지하게 되었다.

세계 각국은 자동차 등 다양한 상품을 미국 연방준비은행(FRB)이 발행하는 달러와 맞교환하여 외환을 비축해 왔다. 즉, 미국은 아무리 달러를 시중에 풀어도 물가가 오르지 않는 인

플레이션을 수출하는 나라였다. 하지만 2022년 2월 러시아의 우크라이나 침공 이후 국제교역에 사용되는 위안화 비중이 급증했다는 사실은 주목해 볼 필요가 있다. 반(反) 달러 패권세력이 영향력을 확대하고 있다는 사실을 보여주기 때문이다.

물론 이러한 변화가 러시아와 중국 간 원유 교역에 의한 일시적인 현상이라고 일축하는 이들도 있으나, 달러 패권에 심각한 균열을 불러올 장기적인 변화의 한 단면으로 바라보는 시각 역시 존재한다. 실제로 전 세계 보유 외환 중 미국 달러 표시 자산이 차지하는 비중이 2000년대 초반 60% 정도에서 정점을 찍고 점차 감소하고 있다. 특히 중국과 러시아처럼 미국 경제 정책의 대척점에 서 있는 국가들은 미국 국채와 같은 달러 자산을 줄이고 금 보유량을 꾸준히 늘리고 있다. 여러 나라가 달러가 아닌 자산에 눈길을 돌리기 시작했다는 것이다. 즉, 중국과 러시아를 필두로 한 본격적인 탈달러화가 시작된 것이다.

미국 재무부 장관인 재닛 옐런은 달러와 연결된 러시아 금융 제재는 시간이 지나면서 달러의 패권을 약화할 수 있다는 우려를 나타냈고, 유럽중앙은행 총재인 크리스틴 라가르드(Christine Lagarde)는 달러의 국제 통화 지위가 당연하게 여겨져서는 안 된다고 발언했다. 물론 폐쇄적으로 운영되는 중국 위안보다 미국 달러는 튼튼하고 투명한 금융시장을 기반으로 하기에 신뢰가 높지만, 한 치 앞도 예상 못 할 정도로 격화되는 미·중 대결의 격랑 속에서 대한민국은 이 통화 전쟁을 면밀히 살피고 현명하게 대응해야 할 것이다.

이러한 부분들로 보았을 때 나는 달러의 역사가 마무리되어 가는 과정에 있다고 본다. 그럼에도 불구하고 아직까지 달러의 힘은 막강하다. 미국은 이를 활용하여 국가부채를 무한정으로 늘려 34조 달러가 넘은 지 오래다. 나는 이를 달러의 마지막 단물 빼기의 모습으로 보고 있다. 달러를 앞세운 전 세계 기득권 세력들은 2020년 코로나 팬데믹을 빌미삼아 더 공격적으로 돈을 풀기 시작했다. 연준의 기준금리 인상안이 베이비 스텝(Baby Step)을 시작으로 빅 스텝(Big Step), 자이언트 스텝(Giant Step)을 통해 금리를 여러 차례 올리며 현재의 5.25~5.5% 고금리 상황을 연출시켰다. 이와 더불어 미국의 국가부채가 국가의 경제성장률(GDP)을 훌쩍 넘은 지도 오래다. 우리는 이제 달러의 종말이 곧 다가오고 있음을 느껴야 한다.

그 기득권 세력들은 브릭스(BRICS: 브라질, 러시아, 인도, 중국, 남아프리카공화국)를 필두로 하여 오펙플러스(OPEC+)와 같은 내수시장이 탄탄하고 자원이 풍부한 개발도상국 쪽으로 돈과 에너지를 옮기고 있다. 이는 새로운 경제 패러다임의 준비를 뜻하며, 그 안에서 핵심 기술은 블록체인과 인공지능이 될 것이라 생각한다.

〈비트코인 백서〉의 초록만 읽어보아도 비트코인의 탄생 이유를 알 수 있다. 비트코인은 중앙은행의 개입 없이 세계적 범위에서 P2P 방식으로 개인들 간에 자유로운 캐시 시스템(Cash System)을 위해 설계되었다. 블록체인(비트코인)의 탄생은 새로운 화폐 시스템을 위한 세력들의 의도라고 볼 수 있다. 하지만 비트코인을 통해 가치를 전송하기에는 명확한 한계점이 존재한다. 이를 보강하기 위해 나온 것이 2차 레이어 결제 프로토콜인 '비트코인 라이트닝 네트워크(Lightning Network)'이다. 비트코인의 이러한 한계점을 해결하기 위해 2012년 '가치의 인터넷(Value of Internet)'이라는 슬로건으로 출범한 회사가 바로 내가 집중적으로 분석하고 공부하는 '리플(Ripple)'이다.

02
비트코인 성자 로저 버의 속마음

로저 버(Roger Ver)는 비트코인 관련 스타트업의 초기 투자자이다. 초기 코인판에서 '비트코인 성자'로 불리기도 했던 인물이다. 그는 주로 비트코인캐시(BCH, Bitcoin Cash)를 추종한다. 로저 버는 이를 2008년 사토시 나카모토가 처음 발표한 〈비트코인 백서〉에서 의도된 원래 목적을 충족시키는 것으로 보고 있다. 이 백서에서 나카모토는 비트코인을 '피어 투 피어 전자 현금 시스템(A Peer-to-Peer Electronic Cash System)'이라고 언급했다.

왜 로저 버는 비트코인캐시(BCH)를 홍보할까? 그는 사토시 나카모토의 〈비트코인 백서〉에서 언급한 것처럼 비트코인의 본질을 생각했다. 위에서 언급한 것과 같이 비트코인의 본질은 피어 투 피어 전자 현금 시스템을 실행하는 것이다. 하지만 비트코인의 제한된 블록크기(1MB)로 인한 느린 속도와 비싼 수수료 면에서 한계점이 명확하다.

비트코인캐시는 비트메인(Bitmain) 회장 우지한의 영향력 아래 사용자 이원화 하드포크(Hard Fork, 블록체인이 어느 한 시점에서 두 갈래로 쪼개지는 것)가 제창되었다. 기존 비트코인의 블록체인을 그대로 이어받아 2017년 8월 시점 이후로 '비트코인캐시'라는 대안 명칭으로 하드포크되어 출시되었다. 비트코인캐시의 경우도 한계 속도를 극복하기 위해 블록 크기를 2~8MB까지 유동적으로 늘리는 정책을 적용(2018년 32MB로 업그레이드 이후, 현재 32MB 유지)하였으며 앞으로도 더 많은 기능을 적용하여 비트코인을 실생활에까지 사용할 수 있도록 하겠다는 기조를 띠고 있다.

로저 버가 구축해 놓은 홈페이지인 로저버닷컴(www.rogerver.com)에 들어가면 그가 집필한 《비트코인 하이재킹(Bitcoin Hijacking)》이 소개되면서 2011년에 한 그의 명언 "비트코인은 인류 역사상 가장 중요한 발명품 중 하나입니다"라는 말이 뜬다. 나는 이를 블록체인의 유틸리티와 연관지어 바라봐야 한다고 생각한다. 즉, 로저 버가 이야기한 것처럼 비트코인(블록체인)의 탄생은 인류 역사상 획기적인 발명품이며 이는 금융솔루션을 송두리째 바꿀 수 있는 기술력이라고 생각한다.

이는 내 개인의 생각으로만 그치지 않고 현재 미국증권거래위원회 위원장인 게리 겐슬러와 세계 최대 블록체인 컨소시엄 알쓰리(R3)의 창시자 데이비드 루터가 한 말과 일맥상통한다. 이를 증명하는 근거의 일환으로 로저 버는 핀테크 투자로 리플사에 직접적으로 투자를 유치하고 있다. 로저 버 또한 진정 가치 있는 인터넷의 새로운 금융시스템이 리플넷(Ripple Net)이라는 것을 인지하고 있을 것이라고 생각한다.

로저버닷컴 홈페이지 첫 화면에서는 로저 버의 책과 명언을 소개한다.
(자료: www.rogerver.com)

로저 버는 핀테크 투자로 리플사에 직접적으로 투자를 유치하고 있다. (자료: www.rogerver.com)

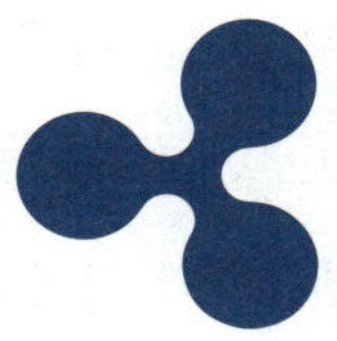

03
이더리움 생태계를 지원하는 레이어2

레이어2(L2, Layer 2)는 다른 블록체인 위에 구축된 네트워크를 의미한다. 따라서 비트코인이 레이어1이라면 그 위에서 실행되는 라이트닝 네트워크(LN, Lightning Network)는 레이어2의 예이다. 블록체인 네트워크 확장성 개선은 레이어1 솔루션과 레이어2 솔루션으로 분류할 수 있다.

이더리움과 폴리곤으로 예를 들어보겠다. 폴리곤의 경우 이더리움 네트워크의 한계점인 트래픽 병목 현상을 해결하기 위해 설계된 블록체인 프로젝트이다. 폴리곤은 폴리곤 생태계에서 결제 통화로 사용되거나 이더리움의 메인넷과 연결된 사이드 블록체인의 트랜잭션(거래) 수수료 지불 용도로도 사용된다. 여기서 폴리곤을 레이어2라고 부른다. 빠르고 저렴한 비용으로 트랜잭션을 수행할 수 있는 특징을 가지고 있다. 이를 통해 이더리움의 확장성 문제를 해결하고 보안성을 높일 수 있다. 이처럼 폴리곤은 이더리움 생태계에 크게 기여하며 다양한 어플리케이션을 지원하는 레이어2로써 이더리움을 전격적인 멀티체인 시스템으로 전환시킬 수 있는 도구로 비유할 수 있다. 다시 말해 레이어2는 레이어1을 지원하고 도와주는 프로젝트라고 보면 된다.

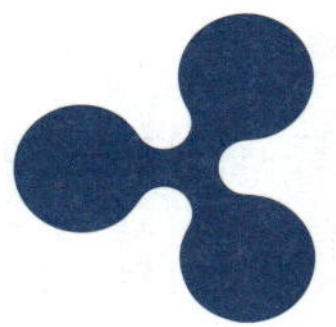

04
라이트닝 네트워크의 역할

라이트닝 네트워크(LN, Lightning Network)는 비트코인 블록체인과 기타 암호화폐를 기반으로 구축된 '레이어2' 결제 프로토콜이다. 참여 노드(네트워크의 독립적으로 운영되는 구성원) 간의 빠른 트랜잭션을 가능하게 하기 위한 것이며 비트코인 확장성 문제에 대한 솔루션으로 제안되었다. 자금 관리를 위임하지 않고 양방향 결제 채널 네트워크를 통해 암호화폐 '소액 결제'를 수행하는 P2P 시스템이다.

왜 이런 비트코인의 레이어2 결제 프로토콜이 나왔을까? 이유는 앞에서 언급한 것과 같은 비트코인의 '명확한 한계점' 때문이다. 〈비트코인 백서〉에 적혀 있는 비트코인의 본질인 화폐 기능(Cash System)을 하기 위해서는 명확한 기술적 한계가 존재한다. 비트코인의 블록 크기는 1MB로 제한되어 있기에 초당 거래 가능 속도(TPS, Transaction Per Second: 1초당 처리할 수 있는 트랜잭션의 개수)가 7밖에 되지 않는다. 즉 1초에 7건의 거래만 처리할 수 있다는 것이다. 그에 비해 리플은 초당 약 3,400건을 처리할 수 있는 펀더멘털을 지니고 있다. 다시 말해 리플원장(XRPL)의 메인넷은 비트코인의 본질인 가치의 이동을 행할 수 있는 능력을 충분히 지녔다고 볼 수 있다.

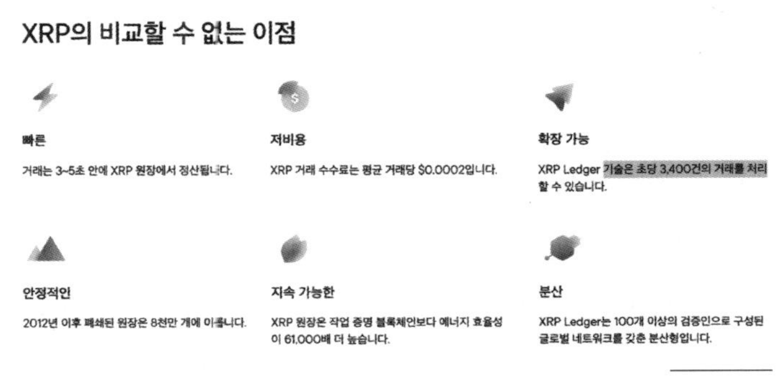

리플의 이점(자료: ripple.com/xrp)

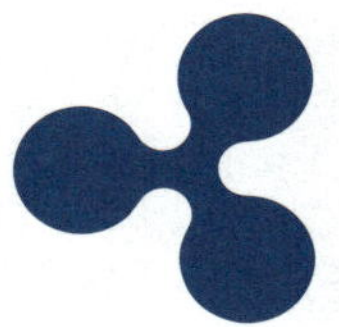

05
브릭스 국가 공동통화 출현과
아버 프로젝트

브릭스(BRICS)는 경제적으로 빠르게 성장하는 브라질, 러시아, 인도, 중국, 남아프리카공화국을 통칭하기 위해 만들어진 말이다. 2001년 당시 골드만삭스 글로벌경제리서치 부문의 헤드였던 짐 오닐(Jim O'Neil)은 이들 네 나라가 2050년에 세계 경제를 주도하는 가장 강력한 나라가 될 잠재력이 있다는 설을 발표했다.

초창기 브릭스의 S는 소문자였다. 초기에는 'BRICs'라고 부르며 나라의 모임이 아니라 단순한 개념에 불과한 명칭이었다. 2006년 이들 4개국의 외무장관이 모여 고위급회담을 개최하였으며, 2009년에는 최초로 정상회담을 개최함으로써 브릭스는 국가의 모임으로 성격이 변화한다. 2010년 남아프리카

공화국이 브릭스 그룹에 참여함으로써 'BRICS'라고 통칭되었다. 즉 BRICs의 소문자 s가 대문자 S로 바뀌게 된 것이다.

본래 공식적인 정부 간 조직은 아니었으나 2009년 이후 매년 정상회담을 열며 선진국의 G7을 견제하는 개발도상국 블록의 형성을 도모하기 시작했다. 남아공이 5번째 정규 회원으로 추가된 브릭스 5개국은 모두 G20의 일원이기도 하며, 다 합쳐 세계 인구의 40% 이상을 차지하고, GDP는 미국 달러로 28조 달러가 넘어 시장 경제 규모 또한 매우 크다. 2022년부터

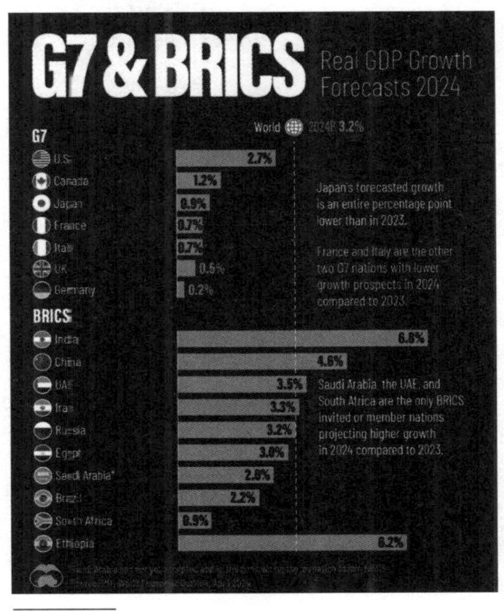

G7과 브릭스 국가들의 실질 GDP 성장률
(자료: 〈World Economic outlook〉, IMF, 2024. 4)

회원국 확대를 모색하다가 2023년 남아공에서 열린 제15차 정상회담에서 이집트, 에티오피아, 이란, 아랍에미리트가 새 회원국으로 발표되었고, 2024년 1월 1일 정식 가입국이 되었다.

국제통화기금 자료에 따르면, 브릭스 국가들이 선진국이라고 불리는 G7 국가들보다 경제성장률이 현저하게 높은 것을 알 수 있다. 그들은 연합체로서 페트로달러를 붕괴시키고 무역에서의 탈달러화를 가속화시키면서 달러의 헤게모니를

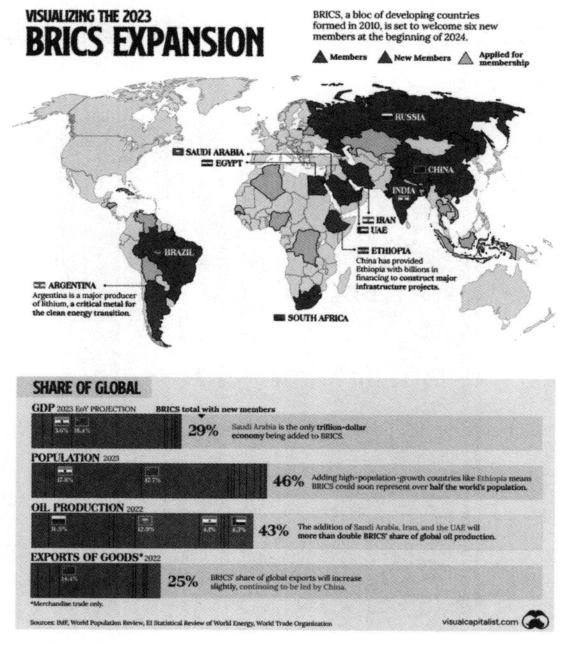

브릭스가 확장하는 모습
(자료: www.visualcapitalist.com/visualizing-the-brics-expansion-in-4-charts)

점점 추락시키는 역할을 하고 있다. 또한 브릭스 국가들은 새로운 결제시스템을 구축하며 그들만의 공동통화 출현을 점점 수면 위로 올릴 준비를 하고 있다.

다음 그림은 현재 중국, 러시아, 인도의 국가들이 변화시키고 있는 스위프트 송금망이다. 중국을 필두로 한 CIPS(Cross-border Interbank Payment System), 러시아의 SPFS(System for Transfer of Financial Messages), 인도의 SFMS(Structured Financial Messages System) 결제망들이 눈에 보일 것이다. 그들은 새로운 금융메시지 표준 ISO 20022를 도입하면서 블록체인이 결

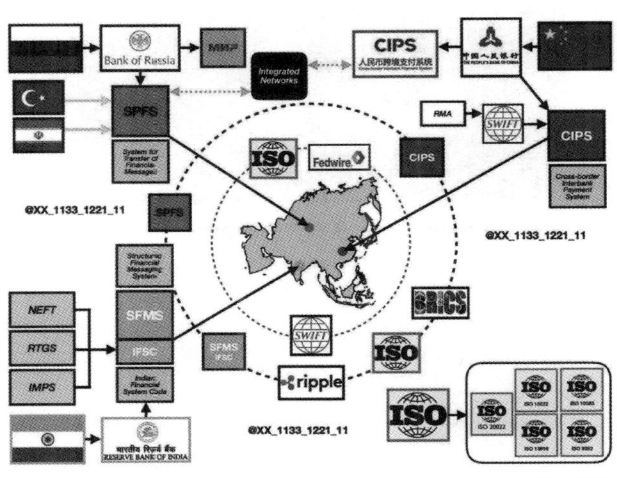

스위프트 송금망
(자료: irp.cdn-website.com/6b820530/files/uploaded/
137maps_XX_1133_1221_11.pdf, 101쪽)

합된 새로운 금융시스템 출범을 준비하고 있다.

2019년 아랍에미리트와 사우디아라비아는 그들끼리 새로운 암호화폐를 국경 간 송금망에 시범 활용하면서 파일럿 단계를 시도해 왔다. 나는 이것이 브릭스 국가가 주도한 하나의 시범 프로젝트라고 생각한다. 좀 더 생각을 확장해 보면 브릭스 국가의 출현 또한 기득권 세력들의 의도이기에 '아버(Aber, 아랍어로 경계를 넘다) 프로젝트'와 같은 사례는 눈여겨볼 필요가 있다.

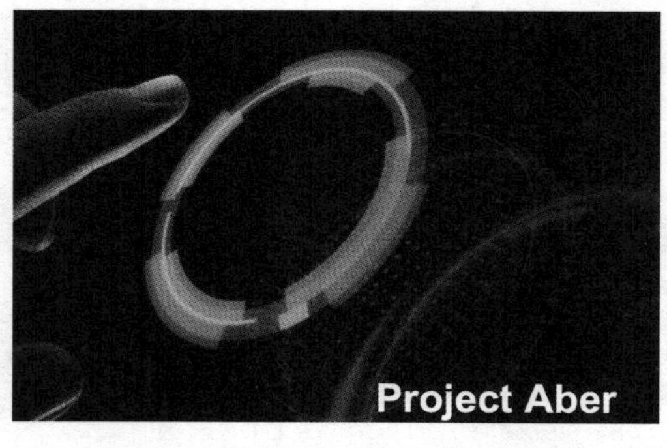

사우디아라비아 중앙은행과 아랍에미리트 중앙은행이 합작하여 블록체인
금융 생태계와 결합하는 파일럿 테스트를 한 아버 프로젝트
(자료: www.sama.gov.sa/en-US/News/Documents/Project_Aber_report-EN.pdf)

- Note that public blockchain protocols such as Ripple and Stellar, which are often positioned for cross-border remittance use cases, were ruled out because of the obvious need for permissioning and privacy for an interbank payment use case (which these protocols didn't support). Application of the qualification criteria resulted in shortlisting of the following three DLT platforms or protocols:
- R3 Corda
- Hyperledger Fabric (HLF)
- JPMC Quorum

리플과 스텔라루멘을 활용하여 은행 간 결제의 사용 사례로 한 테스트
(자료: www.sama.gov.sa/en-US/News/Documents/Project_Aber_report-EN.pdf, 40쪽)

해당 프로젝트의 문서를 보면 리플과 스텔라가 언급되어 있다. 또한 그 밑에는 R3와 하이퍼 레저 재단(Hyperledger Foundation)의 페브릭(Fabric) 프로젝트가 나열되어 있다. 우리는 해당 기관들이 어떻게 유착관계를 가지게 되었는지 공부하여 알아내야 한다. 나는 이들이 어떤 기관들이고 어떻게 파트너십을 맺고 있는지 공부하면서, 과거부터 브릭스를 필두로 한 새로운 금융시스템에 블록체인이 탑재되는데 그게 무엇인지 고민하다 리플에 확신을 갖게 되었다. 지금부터 이 수수께끼를 천천히 풀어보도록 하겠다.

전 세계 중앙은행과 다가오는 CBDC 세상

01
우리에게 다가오는 혁명,
블록체인 & AI

우리는 지금 새로운 경제 패러다임으로 가는 과도기에 살고 있다. 인류가 겪어온 세계적인 사건과 역사를 뒤돌아보았을 때 우리는 여러 차례 산업혁명을 거치며 살아왔다. 여기서는 시대적 흐름에 따라 1차 산업혁명부터 우리가 곧 맞이하게 될 4차 산업혁명까지 살펴보겠다.

최초의 산업혁명은 1700년대 말 영국에서부터 시작되었다. 이는 바로 증기기관, 증기선의 발명이 일으킨 혁명이다. 기존의 농사지으며 사는 방식과 수공업으로 작업하는 환경에서 증기기관의 발명으로 공장을 설립하여 엄청난 양의 물건을 생산할 수 있는 토대가 마련되었다. 그러면서 이전의 생산 방식을 송두리째 바꿀 수 있었다.

2차 산업혁명은 전기에너지와 석유의 등장을 중심으로 한 전기의 시대라고 볼 수 있다. 에디슨이 발명한 전구의 등장과 함께 전기를 이용한 전력을 생산하고 부피가 큰 석탄을 대신하는 석유의 등장으로 제조업에서 큰 발전을 이룩할 수 있었다. 특히 컨베이어벨트를 이용하여 공장 제조 시스템이 대폭 향상되면서 대량 생산이 더욱 더 용이해질 수 있었다.

3차 산업혁명은 우리가 현재 익숙하게 생활하고 있는 컴퓨터와 인터넷이 일으켰다. 바로 정보화 혁명이다. 정보의 자유로움이 구축된 시대와 함께 미국의 실리콘밸리를 중심으로 한 IT 사업, IT스타트업들이 엄청난 발전을 이루면서 구글, 페이스북(메타)과 같은 핀테크 회사들이 크게 성장할 수 있었다. 이를 통해 세계 어디에서 전쟁이 나도, 어디에서 시위가 벌어져도, 어디에서 바이러스가 확산되어도 언제 어디서든 전 세계 사람들이 알 수 있는 정보의 자유화 시대가 우리 삶에 펼쳐지고 있다.

여러 차례의 산업혁명으로 발전한 기술이 수천 년간 유지되던 세상을 급속하게 바꾸고 있다. 기술의 일차적인 기능을 보는 것은 단순한 확인 작업이다. 그러나 그 기술이 바꿔놓은 세상을 보는 것은 인문·사회과학적 통찰이 필요하다. 우리는 암호화폐 투자에 있어 기술이 바꿔놓은 그 세상을 봐야 한다. 예를 들어, 20여 년 전 인터넷의 등장은 온라인이란 세상을 만들었다. 기능적 측면에서 보면 언제 어디서나 원하는 정보를 검색하고, 매장에 직접 가지 않고도 원하는 상품을 구매할 수 있는 기능들이 눈에 띈다. 그러나 더 깊이 들어가 보면, 시간과 공간의 제약에서 해방된 온라인 세상은 당시 소수의 베스트 상품 혹은 엘리트들이 이끌어 나가던 파레토가 통하던 세상을 이와 반대되는 롱테일(Long tail, 꼬리에 있던 틈새상품들의 힘이 점점 거세지고 있다는 현상) 세상으로 바꾸어놓은 것을 볼 수 있다. 바로 다수의 마이너가 가치 있는 세상이 된 것이다.

파레토 법칙(Pareto's law)

이탈리아 인구의 20%가 이탈리아 전체 부의 80%를 가지고 있다고 주장한 이탈리아의 경제학자 빌프레도 파레토의 이름에서 따왔다고 한다. 파레토 법칙은 '2080법칙'이라고도 하는데 '전체 결과의 80%가 전체 원인의 20%에서 일어나는 현상'을 의미한다.

롱테일 법칙(Long tail theory)

무한대의 진열이 가능한 인터넷 서점 아마존에서 일 년에 몇 권 안 팔리는 80%의 소외받던 책들의 매출 합계가 20% 베스트셀러들의 매출을 능가한다는 결과를 말한다. 이는 인터넷의 발달에 따른 현상으로 분석된다.

이를 파악한 아마존(Amazon)에는 실제로 다양한 마이너 상품들이 즐비하다. 최근 급속도로 도입되고 있는 블록체인은 기술적으로 데이터를 여러 곳에 분산시켜 저장하고 관리하는 기능이 있지만 궁극적으로는 산업화 사회가 만든 중앙화 세상을 파괴적으로 혁신하여 탈 중앙화하고자 하는 지향점을 가지고 있다. 블록체인 기술이 탄생시킨 개당 1억 원이 넘는 비트코인이 화폐냐 아니냐의 도덕적 논란은 의미가 없어졌다. 블록체인이 바꾸는 세상은 대중을 개인으로 복원시켜 주인으로 만들 것이다. 블록체인이 가져올 우리 각자가 주인인 세상을 준비해야 한다.

현재는 생성형 인공지능이 뜨거운 감자이다. 세계 기업 순위를 보면, OpenAI 등 인공지능에 집중적으로 투자를 하는 마이크로소프트가 시가총액 1위이고, 인공지능 반도체를 만드는 앤비디아가 애플을 제치고 2위 기업에 올라 있다. 실제로 챗GPT(ChatGPT)는 질문에 대한 답을 매우 수준 있게 만들어준다. 질문에 대한 답이 사실이냐 아니냐의 논란도 여전하지만 우리의 눈에 보이는 생성형 인공지능의 기능은 상상을 초월하며 사용하기에 그리 어렵지도 않다. 더 나아가 DALL-E나 미드저니(Midjourney)와 같은 AI 기계 학습 모델 프로그램 등을 사용하면 이미지를 자연스럽게 생성해 주기도 한다. 간단한 동영상과 음악도 쉽게 만들어준다. 이런 인공지능이 로봇과 결합되면 개인이 원하는 물건도 얼마든지 만들어 낼 수 있다.

그렇다면 이런 생성형 인공지능은 세상을 어떻게 바꿀까? 개인이 원하는 것을 만들어주는 인공지능이 있다면, 인간은 '기능의 평등시대'를 이루게 될 것이다.

예를 들어보겠다. 앞으로는 영어라는 말을 기능적으로 잘하는 사람과 못하는 사람의 차이가 없어질 것이다. 그림을 기능적으로 잘 그리고 못 그리는 사람도 없어질 것이다. 예전에는 그런 기능의 차이로 사람의 능력을 평가했지만 그런 차이는 사라지며 인간의 개성과 창의성이 가치를 인정받는 시대가 올 것이다. 마치 사람마다 요술램프를 하나씩 가지게 되는 것과 같다.

기능의 차이가 없다면 결국 모든 인간이 같아지게 될까? 정답은 '아니다'이다. 생성형 인공지능이 만든 기능의 균등화는 인간이 본질인 세상으로 바꿀 것이다. 각자가 제한된 시공간에서 경험하는 세상, 사랑 같은 인간만이 느끼는 감성, 소통의 공감대, 누군가와 맺는 관계 등 각 개인이 갖는 고유한 본질이 차이를 만들어 낼 것이다. 영어를 잘하는 것이 아니라 무엇을 영어로 말하는지가 중요해지고, 그림을 잘 그리는 것이 아니라 무엇을 어떤 감성으로 그리는지가 중요해질 것이다.

블록체인과 생성형 인공지능 시대에 기능을 익히는 것은 점점 쉬워질 것이다. 그러나 우리 각자가 소중해지는 세상이 더욱 중요하다는 것을 알아야 한다. 나 자신을 더욱 잘 발견하고, 나 자신에 집중해야 할 때이다. 다가오는 4차 산업혁명은 마주할 수밖에 없는 현실이기에 피하지 말고 즐기며 나만의 색깔을 찾아야 한다.

혹시 이 책을 읽는 독자 중 청소년이 있다면 대학에 목숨을 걸지 말라고 말하고 싶다. 본인의 인생에서 정말 하고 싶은 일, 잘할 수 있는 일, 했을 때 살아있음을 느끼는 일이 무엇인지 진지하게 고민해 보길 바란다. 참고로 내 인생 목표는 '나의 배움과 경험을 통해 타인에게 도움이 되고 동기부여가 되는 것'이다. 책을 집필하는 이 순간도 타인에게 도움이 되는 수단이 하나 더 추가되는 것에 즐거움을 느낀다.

다시 본론으로 돌아가겠다. 앞글에서 언급한 것처럼 이제 우리가 다음 문명으로 맞이해야 할 기술이자 산업은 블록체인과 인공지능이다. 이 키워드는 이미 많은 학술지와 논문에 실리며 대중들에게 인식되고 있다. 미국 3대 신용평가사 무디스(Moody's)에서도 금융의 새로운 혁신은 블록체인과 인공지능이라고 언급한 바 있다.

02
각국의 CBDC 준비 현황

디지털화폐의 핫 키워드가 CBDC인 만큼 각국의 CBDC 준비 상황도 다양하다. 전체적인 흐름은 과거 패턴과 사뭇 다르다. 메타(페이스북)의 암호화폐 프로젝트인 '리브라(Libra)' 출현을 계기로, 디지털화폐 발행에 부정적이던 세계의 중앙은행들도 발행 준비를 시작하거나 CBDC 연구팀을 만들어 집중 검토 및 파일럿 테스트 중이다. 2024년 6월 국제결제은행(BIS)의 보고서에 따르면 '세계 중앙은행의 94%가 CBDC 연구를 진행하고 있으며 일부 국가는 발행을 위한 시범 운영 단계에 있다'고 명시하고 있다.

CBDC 발행에 가장 적극적인 행보를 보여주는 국가는 중국이다. 중국은 이미 선전과 청두, 쑤저우와 베이징 인근 신

	CBDC	실물화폐	암호화폐
발행 주체	중앙은행	중앙은행	민간
가치	액면가로 고정	액면가로 고정	변동
발행 방법	분산원장 등의 기술을 활용해 전자적으로 발행	지폐·동전 형태로 발행	분산원장 등의 기술을 활용해 전자적으로 발행

CBDC와 실물화폐, 암호화폐 비교(자료: 한국은행)

국가	도입 찬성 의견	도입 반대 의견	견해 종합
미국	달러의 입지 강화 글로벌 금융시스템 리더십	정부의 통제 상당한 비용 소요	소극적
유로존	디지털 경제의 경쟁력 강화	금융시스템 불안정 가능성 데이터 보안 우려	적극적
중국	금융포용성 강화 자금세탁·사기 등 억제	이미 구축된 민간 결제 수단의 공고한 지위	가장 적극적
일본	각종 결제 수단의 역할 강화	현금 사용에 익숙한 문화	소극적

주요국의 CBDC 도입 의견과 입장(자료: 국제금융센터)

도시인 슝안 신구와 2022년 동계올림픽이 열린 일부 지역에서 디지털 위안화를 실험했었다. 또한 공무원들의 급여나 대중교통 요금 지급 시 디지털 위안화를 사용 중이다. CBDC에 유보적이었던 미국, 유럽, 일본 등 선진국도 2020년부터 태도를 바꿔 CBDC에 적극적인 검토 및 발행을 추진 중이다.

미국은 불과 수년 전까지만 해도 중앙은행 디지털화폐

(CBDC) 도입에 신중하거나 부정적인 입장을 견지해 왔던 것이 사실이다. 예컨대, 과거 재무장관 스티븐 므누신(Steven Mnuchin)은 미국 내 현금 유통량과 기존 결제 인프라의 안정성을 근거로 5년 내 CBDC 발행 계획이 없다고 천명한 바 있다. 그러나 2020년대 중반에 접어들며 미국 연방준비제도(Fed)는 다양한 보고서와 연구를 통해 '디지털 달러' 도입의 필요성과 정책적 쟁점에 대해 공론화하고, 일각에서는 경기부양책의 일환으로 디지털화폐 정책 논의도 본격화하고 있었다.

하지만 최근 미국의 공식 정책 기조는 크게 변화하였다. 2025년 7월, 미국 하원은 연방준비제도가 CBDC를 직접 혹은 간접적으로 발행하거나, 이에 기반한 서비스, 실험, 개발 행위를 전면적으로 금지하는 내용의 'CBDC 감시 국가 방지법(Anti-CBDC Surveillance State Act)'을 통과시켰다. 새 행정부로 들어선 트럼프 대통령 역시 "CBDC는 연방정부가 국민의 자산과 거래를 통제하려는 위험한 도구"라는 점을 공개적으로 강조하며, 미국은 결코 중앙집중형 디지털화폐로 국민의 자유와 경제를 침해하지 않겠다고 선언했다. 이에 따라 미국 정부와 의회는 디지털 달러(CBDC) 대신 스테이블코인(달러 고정 디지털 자산) 등 민간 기반 디지털 결제시스템을 적극적으로 지지하는 정책을 펼치고 있다. 이러한 흐름은 미국이 CBDC 도입에는 극히 보수적이고, 대신 달러 패권 유지를 위한 스테이블코인 및 민간 암호화폐 규제에 방점을 두고 있음을 잘 보여준다.

독일, 프랑스 등 유럽 국가들도 CBDC 도입에 긍정적으로 연구를 진행하고 있으며 스웨덴은 2017년부터 CBDC 발행 프로젝트인 'e-크로나'를 진행 중이다. 현재 실사용 테스트 중이며 테스트를 마치고 정식 도입을 준비 중이다. 일본과 필리핀은 본격적인 법정 디지털화폐의 도입을 검토하기 위한 연구 그룹을 신설하고, 화폐 발행에 따른 법·제도 검토 및 발행 영향도 검토에 착수했다.

러시아는 푸틴 대통령의 주도하에 CBDC 도입 관련 법안 제정을 추진해 왔다. 러시아 중앙은행은 2020년 10월 13일 디지털 루블화의 향후 출시 가능성에 대한 보고서를 발표하며 CBDC를 통해 달러 의존도를 낮출 수 있다고 밝혔다. 그 이후 현재 브릭스의 확장을 통해 공동통화의 출현이 수면 위로 올라오고 있다.

튀르키예 정부는 2020년까지 리라화 CBDC 테스트를 완료하겠다는 계획을 내놓았고 2019년도에 발표한 경제개발 5개년 계획에 CBDC 발행 계획을 포함시키며 적극적인 발행 의지를 보이고 있다.

싱가포르 통화청은 2020년도 7월부터 블록체인 기반 국제 결제 네트워크를 개발했고 상용화할 예정이라고 발표했다. 싱가포르 통화청(MAS), JP모건, 싱가포르 국영 투자회사 테마섹(Temasek)은 2016년부터 우빈(Ubin) 프로젝트를 진행하며 CBDC 발행을 준비해 오고 있었다.

베네수엘라는 일찍이 2018년도에 베네수엘라 CBDC 패트로(Petro)를 발행했으나 유가 변동에 노출되고 강제 통용력의 부재로 법정 통화로서의 가치를 상실한 상태이다.

국가	준비 상황
중국	- 2014년부터 CBDC 기초 연구 시작 후 가장 적극적인 발행 계획 추진 중 - 2020년 최우선 과제로 디지털 위안화 개발 선정, 일부 도시 시범 운영 중 - 2022년 동계올림픽을 계기로 디지털화폐 도입 공식화 계획
미국	- 2025년 1월, "연준과 재무부는 CBDC를 발행할 계획이 없음을 공식적으로 밝혔다." - 2025년 3월, "CBDC가 미국 경제와 달러의 기축통화 지위에 긍정적 영향을 미칠 수 있다는 연구는 지속되고 있으나, 정부의 공식 방침은 여전히 발행 반대에 무게를 두고 있다." - 트럼프 행정부 들어 관련 연구와 실제 발행 및 테스트가 모두 금지되었으며, MIT 등과의 협력 연구도 중단된 상태다. 미국 의회는 CBDC 직접·간접 발행 및 운용을 전면 금지하는 법안을 통과시켰다.
유럽	- 유럽 중앙은행(ECB)은 2020년 1월 영국, 스위스, 스웨덴, 캐나다, 일본 등 5개국 중앙은행 및 국제결제은행(BIS)과 공동 연구 태스크포스 발족
독일	- 재무부 핀테크위원회는 2020년 7월 보고서에 블록체인 기반을 둔 디지털 유로는 국가 간 결제 효율성 향상과 결제 자동화, IT 보안 등으로 독일과 유럽 경제 전반에 유익하다"며 디지털 유로 개발 촉구
프랑스	- 2020년도 초 CBDC 시범 운영 계획 발표 및 6월까지 사업자 지정 등 구체적인 준비 완료 계획 - 유럽에서 '디지털 유로화' 도입에 가장 적극적
스웨덴	- 2017년부터 CBDC 발행 프로젝트 'e-크로나' 착수, 2020년 2월 실사용 테스트 시작 - 2021년까지 테스트 후 정식 도입 계획
일본	- 2020년 7월 결제기구국 내 CBDC 검토를 주도하는 '디지털화폐그룹' 신설 및 본격적 연구 시작
필리핀	- 2020년 7월 필리핀 중앙은행 자체적인 디지털화폐 발행 타당성과 정책 영향 검토를 위한 위원회 구성 및 운영 중
러시아	- 2019년 푸틴 러시아 대통령의 주도로 CBDC 도입 관련 법안 제정 추진 - 디지털 루블화 출시를 통한 달러 의존도 감소 기대
튀르키예	- 2019년 발표한 경제개발 5개년 계획에 CBDC 발행 계획 포함
싱가포르	- 싱가포르 중앙은행과 금융기관을 대상으로 한 기관 결제용 디지털화폐 개발 프로젝트 'Ubin' 진행 중
베네수엘라	- 암호자산 petro를 발행했으나 유가 변동 노출 및 강제통용력 부재 - 법정 통화로서 가치 부재

주요 국가의 CBDC 발행 진행 상황(자료: 한국은행)

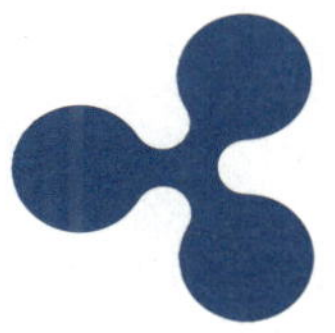

03
중국의 CBDC 발행 초읽기

세계에서 중국이 중앙은행 디지털화폐(CBDC) 도입에 가장 적극적인 이유는 크게 세 가지 핵심 개념으로 요약할 수 있다. 외환 유출 관리, 디지털화폐의 기축통화 선점, 그리고 디지털 경제의 활용이다.

첫째, 외환 유출 관리는 중국이 CBDC 도입을 추진하는 주요 동기 중 하나이다. 기존의 암호화폐는 익명성 또는 추적의 어려움으로 인해 자본의 국경 간 이동을 통제하기 어려운 측면이 있다. 반면 중앙은행이 발행·관리하는 디지털 위안화는 모든 거래 흐름을 좀 더 정밀하게 추적·분석할 수 있는 수단을 제공하므로 자금 세탁 방지, 탈세 억제, 그리고 자본 유출 통제 등 거시적 자금 관리를 효과적으로 수행할 수 있다. 이러한 기

능은 중국 정부가 자본통제 정책을 보강하고 금융 안정을 유
지하려는 목적과 긴밀히 연결된다.

둘째, 디지털화폐를 통한 기축통화 선점 전략이다. 중국은
기존 국제결제 체계에서 위안화의 비중이 상대적으로 낮다
는 점을 인식하고 있으며, 디지털 위안화를 통해 글로벌 디지
털 결제 시장에서 위상 강화를 노리고 있다. 2020년을 기준으
로 위안화의 국제통화기금 특별인출권(SDR) 내 비중과 전 세계
결제 통화 대비 위안화 사용 비율은 미국 달러에 비해 현저히
낮았다. 중국은 디지털 통화를 통해 국제결제 네트워크와 디
지털 금융 인프라에서 영향력을 확장함으로써, 장기적으로 통
화 패권 경쟁에서 우위를 점하려는 전략을 추진하고 있다. 이
러한 맥락에서 CBDC는 단순한 결제수단을 넘어 국가 전략적
자산으로 인식되고 있다.

셋째, 디지털 경제의 적극적 활용이다. 중국은 알리페이·위
챗페이 등 민간 디지털 결제 생태계가 매우 발달해 있어 대중
의 디지털 결제 수용성이 높다. 이러한 환경은 법정 통화의 디
지털화가 빠르게 확산될 토양을 제공하며, 디지털 위안화는 민
간 결제 서비스와 상호보완 또는 대체를 통해 국가 주도의 디
지털 결제 표준을 확립할 기회를 얻는다. 실제로 중국인민은
행은 디지털 위안화의 법적·제도적 기반을 정비하기 위해 관련

법안과 규제 정비를 추진해 왔으며, 디지털화폐가 사기업이 발
행하는 결제 수단을 대체하거나 통제하는 방향성을 명시하는

시기	추진 내용
2014년	인민은행 법정 디지털화폐 전문 연구팀 조직
2017년 1월	인민은행, 공상은행, 중국은행 등 5개 기관과 함께 시스템 내 디지털 어음 거래 테스트 실시
2017년 7월	인민은행 '디지털화폐연구소' 설립
2018년 9월	인민은행 디지털화폐연구소, 무역금융 블록체인 플랫폼 개설
2019년 2월	인민은행 부행장 판이페이, 중앙은행 디지털화폐 연구개발을 본격적으로 추진하고 암호화폐에 대한 검측과 감독관리를 강화하겠다고 밝힘
2019년 7월	인민은행 연구국장 왕신, 인민은행은 디지털화폐 연구개발 작업에 대해 국무원의 정식 승인을 얻어 민간 금융회사 등과 공동으로 연구를 추진 중이라고 공개
2019년 8월	중국 당국, 선전에서 디지털화폐 연구와 모바일 지급결제 등 혁신 추진을 지지하기로 함
2019년 10월	중국은 2019년 10월 기준으로 디지털화폐 관련 74건의 특허를 출원함
2019년 11월	인민은행 부행장 판이페이, 현재 중국 CBDC는 기본설계, 표준제정, 기능 연구가발, 연결 테스트 등 과정을 모두 완료하고 시범지역을 선정하여 점진적으로 응용할 단계에 왔다고 발언
2019년 12월	중국 CBDC 시스템은 인민은행의 주도로 공상은행, 농업은행, 건설은행, 중국은행 등 4대 국유상업은행, 중국이동통신·중국전신·중국렌통 등 3대 전기 통신 업체가 공동으로 참여할 예정이라고 보도
2020년 1월	중국 인민은행은 2020년 업무회의에서 디지털화폐 연구개발을 계속해서 점진적으로 추진해 나가기로 함
2020년 5월	쑤저우 샹청구 소속 기관과 기업의 직원 급여 중 교통보조금의 50%를 CDBC로 지급 예정
2020년 1월	중국 인민은행, CDBC 발행을 위한 인민은행법 개정안 초안 공개, CBDC가 아닌 디지털 위안화를 대체할 가능성이 있는 디지털화폐 발행을 금지함

중국 중앙은행 디지털화폐(CBDC) 발행 추진 경과(자료: 한국은행 대외경제정책연구원)

조항을 검토한 바 있다. 이는 법정 디지털화폐의 우월성을 확보하고 글로벌 디지털 서비스 시장에서 주도권을 확보하려는 의도로 해석된다.

요약하면, 중국의 CBDC 도입 추진은 단순한 기술적 실험을 넘어 전략적·정책적 목표에 기반하고 있다. 디지털 위안화는 자본 흐름을 통제하고 금융 안정을 도모하는 도구의 기능, 국제 결제·통화 영향력을 확장하려는 지정학적 수단, 그리고 이미 고도로 발달한 디지털 경제를 국가 주도의 결제 인프라로 흡수·확장하려는 경제적 목적을 동시에 충족한다. 이러한 복합적 동인 때문에 중국은 다른 국가들에 비해 상대적으로 일찍 그리고 적극적으로 CBDC 도입을 추진해 왔으며, 현재도 법적 정비와 시범 운영을 통해 발행 준비를 마무리하는 단계에 있다.

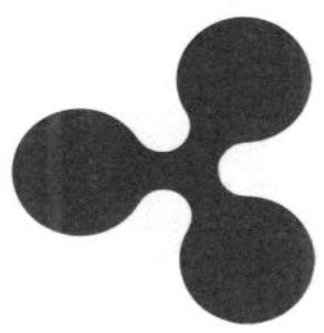

04
한국의 CBDC는 어디까지?

2025년 기준, 한국의 가상자산 및 CBDC(중앙은행 디지털화폐) 정책과 조직 체계는 큰 진전을 이루고 있다. 2024년 6월, 금융위원회는 디지털금융정책관 산하에 가상자산과를 신설하여 시장 질서 확립과 이용자 보호를 위한 정책·감독 업무에 박차를 가하고 있다. 같은 해 7월 19일에는 '가상자산이용자보호법'이 시행되었고, 현재 가상자산과에는 8명의 금융위 직원이 합류하여 가상자산 시장의 운영과 질서 확립을 위한 감독 및 정책을 전담하고 있다. 2025년 6월부터는 비영리법인과 가상자산거래소의 가상자산 매도 거래 계좌 발급이 가능해지고, 거래지원 모범사례 및 고객 확인 가이드라인 등도 강화되어, 실명계좌 개설 및 상장법인·전문투자자의 시장 참여 조건 역시 단계적으로 확대되고 있다. 이에 따라 상장법인과 전문투자자에 대한 보다 체계적인 시장 진입 관리 조치가 하반기 중 도입될 계획이다.

한국은행 역시 디지털 원화 도입을 준비하며 관련 기술·법률 연구에 박차를 가하고 있다. 최근에는 CBDC(프로젝트 한강) 실제 거래 테스트가 국내외 주요 은행, 핀테크 기업들과 공동으로 추진되고 있으며, 기술법률자문단을 통해 법적 이슈 대응 및 한국은행법 개정 실무도 병행하고 있다. 특히 2025년 4~6월 중 대규모 범용 CBDC 실거래 테스트가 예정되어 있고, 테스트 결과와 시장 반응을 기반으로 단계적 확산과 제도 개선이 추진될 예정이다.

이처럼 한국은 가상자산 시장의 질서 확립과 금융혁신을 동시에 추진하면서, 디지털 자산 제도화 및 중앙은행 디지털화폐 기반 인프라 전환에 대해 매우 적극적으로 준비하고 있음을 확인할 수 있다. 금융시장 혁신과 감독, 보호 체계가 빠르게 정비되고 있는 현 시점은 국내 금융환경이 근본적으로 변화하는 시작점임을 보여준다.

현재 전 세계 CBDC 진행 현황(자료: cbdctracker.org)

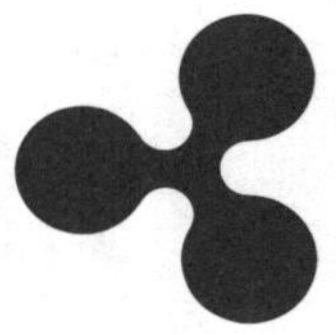

05
CBDC가 만드는 미래

중앙은행 디지털통화(CBDC)의 도입 논의는 전 세계적으로 가속화되고 있다. 선진국뿐 아니라 신흥국에 이르기까지 130여 개국 이상이 CBDC를 검토하고 있으며, 이들 국가는 지급결제 효율성 제고, 금융포용성 확대, 결제 인프라의 디지털 전환 등 다양한 목적을 가지고 연구·파일럿·실증 실험을 병행하고 있다. 일반적으로 연구 단계는 발행 가능성 검토(feasibility study), 기술·정책 시범사업(pilot/PoC), 프로토타입을 통한 실거래 테스트 순으로 진행되며, 팬데믹 이후 비대면 결제의 확산은 중앙은행과 국제기구로 하여금 CBDC의 유용성-결제 비용·속도 개선, 금융포용성 제고, 통화·유동성 관리 도구로써의 가능성-에 좀 더 적극적으로 주목하게 했다. 국가별로는 이미 소매형 CBDC를 공식 발행한 사례(바하마의 Sand Dollar, 자메이카의 Jam-Dex, 나이지리아의 eNaira 등)가 있으며, 중국의 e-CNY는 광범위한 시범사업을 통해 큰 규모의 거래 경험을 쌓았다. 다수의 국가들은 개념 검증 단계를 넘어 프로토타입 및 실거래 파일럿 단계로 확장하고 있고, 국제결제은행(BIS) 주도의 다자간 프로젝트들은 토큰화된 예금과 기관용 중앙은행 화폐를 활용하여 국경 간 결제·유동성 관리·규제 준수 문제를 해소하려는 방향으로 진화하고 있다.

한국도 국제적 흐름에 보조를 맞추어 CBDC 연구·준비를 지속하고 있다. 한국은행은 설계 요건 정의와 기술 검토, 업무 프로세스 분석을 통해 파일럿 시스템 구축을 단계적으로 추진해 왔고, 국제기구 및 타국 중앙은행과의 협업을 통해 국가 간 지급결제 개선 가능성을 탐색하고 있다. 특히 다자간 프로젝트 참여를 통해 국내외 실거래 테스트와 기술 표준화, 개인

진행 단계	소액결제용	거액결제용
발행 가능성 검토	유럽연합	미국, 영국, 호주, 러시아
시범사업 예정	중국, 튀르키예, 스웨덴	프랑스, 스위스, 한국
시범사업 진행	우루과이, 바하마, 캄보디아, 에콰도르	캐나다, 싱가포르, 일본, 유럽연합, 남아공, 태국

주요국 CBDC 진행 단계(자료: 한국은행)

정보 보호·오프라인 결제 등 핵심 이슈를 병행 연구·실증하려는 움직임이 두드러진다. 그러나 CBDC 도입에는 풀어야 할 핵심 과제들이 존재한다. 첫째, CBDC의 법적 지위 확립과 개인정보 보호 및 거래 추적·AML/CFT(자금세탁방지·테러자금조달방지) 규율 정비는 필수적이다. 둘째, 발행 주체, 모델(계정기반 대 토큰기반), 익명성 수준, 보유·유통 범위 등 설계 기준을 명확히 하여 국제적 상호운용성과 신뢰를 확보해야 한다. 셋째, 디지털 소외계층을 위한 오프라인 결제 지원, 단말 보급 및 교육 등 포용성 대책을 통해 국민적 수용성을 확보해야 한다. 넷째, 중앙은행·상업은행·핀테크·기술기업 간 민관 협업과 표준화된 인터페이스 마련으로 도입한 금융생태계 충격을 최소화해야 한다.

CBDC 도입의 필요성은 스테이블코인 관련 위험 분석과도 맞닿아 있다. 국제결제은행(BIS)은 스테이블코인의 약점으로 주요하게 세 가지를 지적하면서 중앙은행의 개입 필요성을 강조해 왔다. 첫째는 거버넌스의 집중 위험으로, 소수의 대형 기업이나 컨소시엄에 결제·데이터·정책 영향력이 집중될 경우 경쟁 저해와 독점적 시스템 리스크가 발생할 수 있다는 점이다. 둘째는 금융안정성과 통화주권에 대한 침해 가능성으로, 대규모 스테이블코인이 상업적 외부 충격 시 자금 유출·뱅크런 유

CBDC 연구 추진 일정(안)

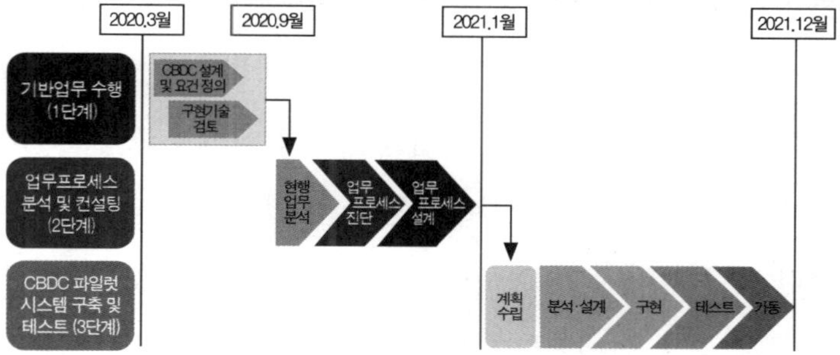

CBDC 파일럿 테스트 추진 일정(자료: 한국은행)

사 현상을 촉발하거나 중앙은행의 통화정책·금융 안정 기능을 약화시킬 우려가 있다. 셋째는 프라이버시·AML·운영·사이버 리스크 등 실무적 위험으로, 거래의 추적·감시와 사용자의 프라이버시 보호 사이의 균형, 그리고 기술적 운영·보안 취약성 문제가 제기된다. 이러한 문제 제기는 중앙은행이 신뢰성 있고 공공성이 보장된 디지털 지급수단을 제공할 필요성을 부각시키며, CBDC 도입을 통한 공공 통제·표준 제시의 당위성을 뒷받침한다.

CBDC는 결제 시스템과 통화의 경계를 재정의할 잠재력을 지니지만, 동시에 프라이버시 침해 우려, 시중은행 예금 이탈로 인한 금융 안정성 위험, 사이버·운영 리스크 등 여러 부작용을 일으킬 수 있다. 따라서 PoC와 파일럿 등 단계적 실험을 통해 정책·기술적 선택의 효과를 면밀히 검증하고, 투명한 영향평가와 국민·시장과의 충분한 소통을 바탕으로 점진적으로 확장해 나가야 한다. 법·제도·기술·사회적 대비가 균형을 이루지 못하면 기회는 리스크로 전환될 수 있으므로, 대한민국은 관련 법령 정비, 설계 표준화, 포용성·보안 대책, 민관·국제 협력 체계 구축을 병행하여 CBDC 시대에 선제적으로 대응할 필요가 있다.

06
스위프트 & 금융통신메시지 국제표준

2025년 기준, 리플을 장기적으로 보유해야 하는 이유를 살펴보기에 앞서, 기존 글로벌 금융 송금 인프라인 스위프트(SWIFT)의 개념을 짚고 넘어갈 필요가 있다. SWIFT는 'Society for Worldwide Interbank Financial Telecommunication'의 약자로, 전 세계 200여 국가와 11,500개 이상의 금융기관이 회원으로 가입한 비영리 국제 은행 간 통신 협회이다. 오늘날 국제 송금, 무역대금 결제, 크로스보더 자금 이전 등 글로벌 자금의 집결과 이동을 위한 핵심적인 네트워크 역할을 수행하고 있다. 각국의 금융기관은 스위프트 네트워크의 표준화된 메시지 규약을 바탕으로 신속하고 안전한 자금 이체 및 무역 결제시스템을 구축해 왔으며, 이 거대한 금융 인프라는 오랜 시간 동안 글로벌 거래의 중심축으로 자리 잡고 있다.

스위프트의 공식 홈페이지에 들어가 보면 새로운 금융통신메시지 표준이 소개된다. 그 이름은 바로 'ISO 20022'이다. ISO란 국제표준화기구로서 'International Organization for Standardization'의 약자이다. 과거부터 ISO 7775, ISO 15022, ISO 20022 등으로 계속해서 새로운 메시지 표준이 나오며 국제표준은 진화해 왔다. 금융의 개혁을 위해 스위프트와 각국의 중앙은행 및 국제기구들은 메시지 표준을 새롭게 구현하며 조금씩 더 간편하고 빠른 금융망을 갖추기 위해 노력해 왔다.

현재 스위프트는 2023년 3월부터 새로운 금융통신메시지 표준인 ISO 20022를 마이그레이션 하기 시작했다. 해당 메시지 표준이 모두 공존하는 시기는 2025년 11월로 예정되어 있다.

나는 유튜브 채널 Time Leverage를 운영하면서 대중에게 생소한 이 개념이 알려질 수 있도록 종종 소개해 왔다. 그리고 이해를 돕기 위해 이를 핸드폰 충전기로 비유해 설명했다.

ISO 7775는 2000년대 초반 애니콜, 모토로라 핸드폰을 쓸 때 사용했던 뚱뚱한 충전기로 비유해 보자. 이때의 충전기는 부피가 클 뿐 아니라 충전 단자가 핸드폰 모델과 기종마다 달라 소비자로 하여금 호환의 번거로움을 겪게 했다.

다음으로 한 단계 진화된 ISO 15022는 삼성 갤럭시의 5핀과 애플 아이폰의 8핀으로 비유할 수 있다. 부피가 많이 줄어들었고 삼성(Android)과 애플(IOS) 두 가지로 구분되어 다양한 기종들 간의 호환성이 생기며 소비자들은 쉽게 구분하기 시작했다.

마지막으로 현재 준비되고 있는 블록체인이 탑재된 ISO 20022의 경우를 보겠다. 이는 현재 우리가 쓰고 있는 C타입 충전기라고 생각하면 된다. 핸드폰이든 노트북이든 요즘엔 모두 C타입 충전단자로 통일되고 있다.

이 외에도 보조배터리, 가습기, 블루투스 스피커, 전자담배 등 모든 게 다 하나로 통합되면서 C타입만 있으면 이제 어떤 충전이든 호환이 가능해지는 시대가 오고 있다.

이렇듯 금융통신메시지 표준도 조금씩 진화하면서 점점 더 빠르고 혁신적인 방향으로 나아가고 있다.

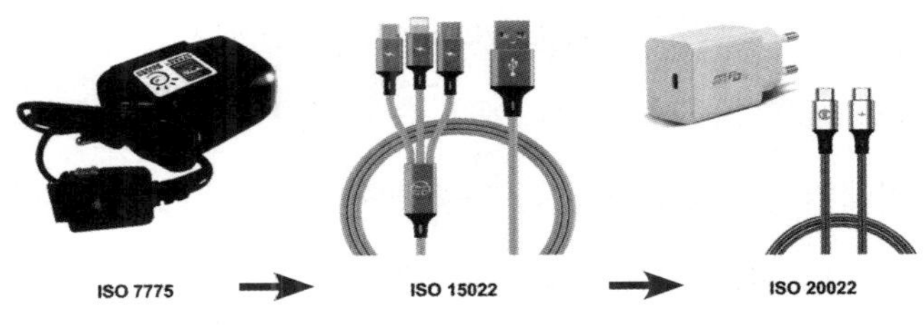

핸드폰 충전기를 이용한 ISO 쉽게 이해하기

다시 본론으로 돌아와서 현재 개정되어 도입되고 있는 ISO

20022에는 블록체인이 탑재되어 기존 스위프트와는 차원이 다른 혁신을 일구어 나가고 있다. 여기서 핵심은 리플사의 리플 네트워크(Ripple Network)가 해당 메시지 표준(ISO 20022)에 최초로 합류되었다는 점이다. 그렇기에 ISO 공식 홈페이지와 한국은행 자료를 봐도 ISO 20022 메시지 표준의 등록관리그룹(RMG)으로 편입되어 있다. 스위프트의 공식 문서, 국제통화기금, 국제결제은행, 유로존 지역을 아우르는 단일유로지불지역(SEPA), 미국의 연준, 청산소(TCH)에 ISO 20022의 공존 서막을 2025년 11월로 명시하고 있다.

모든 금융통신메시지 표준에 ISO 20022가 구현된다면 그때부터는 디지털 세상(CBDC의 세상)이 열린다고 볼 수 있다. 지금도 세계 각국에서 해당 금융메시지 표준을 점진적으로 마이그레이션하고 있다. 그렇기에 리플은 반드시 단기가 아닌 중장기적으로 보유하며 'Time Leverage'를 실현해야 한다.

ISO 20022 등록관리그룹에 소속된 기관들을 보면 미국의 상품거래위원회(CFTC), 유럽의 증권중앙예탁기관(CSD), 미국의 예금신탁청산공사(DTCC), 유럽중앙은행(ECB), 영국중앙은행(BOE), 비자, 마스터카드, 국제송금망(SWIFT), 유럽결제위원회(EPC) 등이 있다.

ISO 20022 기구의 등록관리그룹 기관들의 홈페이지와 보

가구 명칭	역할 및 제반사항		
RMG (Registration Management Group)	- RMG는 37개 국가 및 기관으로 구성(한국은행도 회원으로 참여) - ISO 20022 관련 최종 의사결정 권한 행사 - 전문 개발 및 유지·보수 전반 관리 - SEG, TSG, RA 등 관련 기구 간 이견 중재		
	RMG	**국가 및 기관명**	
	국가	호주, 오스트리아, 브라질, 캐나다, 중국, 덴마크, 핀란드, 프랑스, 독일, 이탈리아, 인도, 일본, 한국, 네덜란드, 노르웨이, 싱가포르, 남아공, 스웨덴, 스위스, 영국, 미국	
	기관	ACTUS, CFTC, Clearstream, DTCC, Euroclear, European Central Bank(ECB), European Payments Council(EPC), FIX Protocol Ltd, ISDA/FpML, ISITC, Mastercard, NACHA, IFX Forum, nexo A.I.S.B.L., SWIFT, VISA International, Bank of England, RippleNet	

ISO 20022의 기구들(자료: 한국은행)

고서 및 논문 자료를 보면 모두 리플랩스(Ripple Labs)와 과거부터 파트너십을 맺고 있다. 리플은 2012년부터 스위프트의 새로운 버전인 SWIFT 2.0을 구현하기 위해 무수히 많은 중앙은행, 국제기구, 자금이체기업, 국제송금회사, 핀테크회사 등과 파트너십을 체결해 왔다.

그뿐만 아니라 1853년에 설립된 미국의 청산소(Clearing House, 증권 또는 파생상품 거래의 교환을 용이하게 하기 위해 형성된 금융기관)는 이를 소유한 은행 목록을 보면 미국, 영국, 독일, 캐나다, 스페인, 프랑스, 일본, 태국 등 자금력이 막강한 은행들이 있다. 이 미국 청산소의 CHIPS(Clearing House Interbank Payment

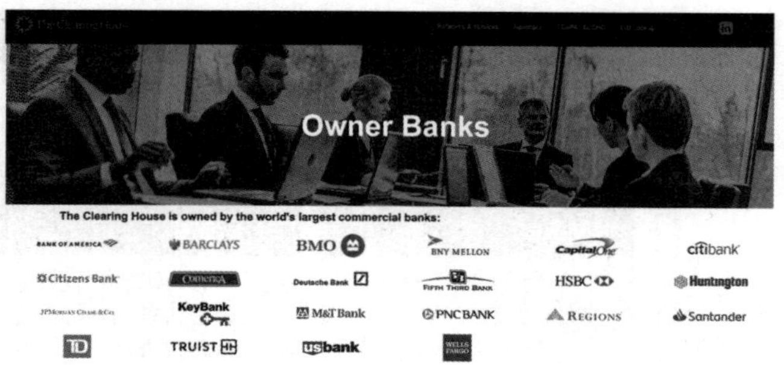

미국 청산소를 소유한 은행 목록(자료: www.theclearinghouse.org/About/Owner-Banks)

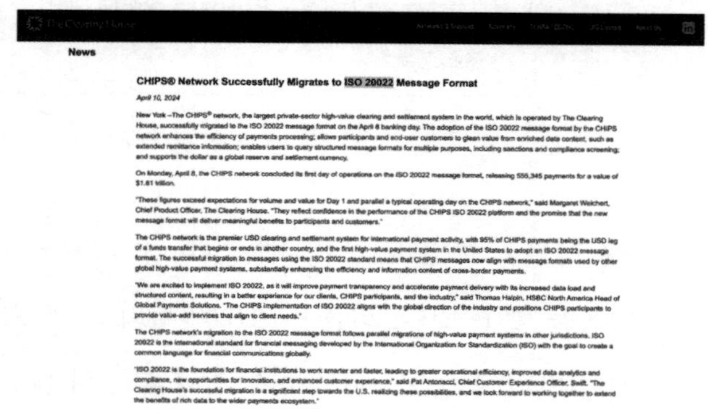

미국의 CHIPS 네트워크에서 ISO 20022 메시지 형식을 채택했다는 뉴스
(자료: www.theclearinghouse.org/payment-systems/Articles/2024/04/CHIPS_Network_
Migrat es_ISO_20022_04-10-2024)

System)에는 2024년 4월 10일에 ISO 20022가 탑재되었다. 그 뿐만 아니라 청산소 임원진들끼리 공유한 프레젠테이션에서 리플을 국경 간 지불 문제에 대한 솔루션으로 인용한 바 있다.

2025년 현재, 스위프트의 ISO 20022 국제금융메시지 표준 도입이 전 세계적으로 본격 확산되고 있다. 미국 연방준비제도(Fed)는 패드와이어(Fedwire)와 패드나우(FedNow) 등 주요 결제시스템에 ISO 20022를 앞다투어 적용하고 있으며, 글로벌 금융기관들도 2025년 11월까지 관련 전환을 마무리하고 있다. ISO 20022는 복잡한 국제결제메시지 포맷을 통일해 호환성과 신뢰성을 비약적으로 향상하는 역할을 하며, 신속한 자금이체와 규제 친화적 데이터 관리까지 뒷받침하고 있다.

이러한 변화의 흐름 한가운데에서 리플은 ISO 20022 표준을 가장 선도적으로 지원하는 디지털 자산 인프라 중 하나로 꼽힌다. 리플, 스텔라, 알고랜드 등 일부 프로젝트는 이미 ISO 20022와의 호환성을 기반으로 기성 금융망 및 신규 디지털 자산 시스템의 통합을 가속화하고 있다. 패드나우 플랫폼 역시 ISO 20022 구조를 채택해 2025년 1,000개가 넘는 금융기관이 사용 중이며, 리플넷(RippleNet)과 API·인터페이스 레이어 등을 통해 실시간 결제와 자산 이동의 확장성이 빠르게 입증되고 있다.

주목할 점은, 미국 연준이 ISO 20022를 본격적으로 도입한 직후 리플과 미국 증권거래위원회(SEC) 간의 소송이 사실상 종결 단계에 들어섰다는 사실이다. 2025년 6~8월 기준, 약 5년간 이어졌던 리플-증권거래위원회의 법적 분쟁이 공동 신청 및 항소 포기 결정으로 급진전함에 따라, 리플의 증권성 논란에서 벗어난 명확한 제도적 지위를 확보하는 국면을 맞이했다. 이러한 일련의 시기적 흐름은 단순한 우연이 아니라, 전통 금융시스템의 표준 전환이 디지털 자산과 실시간 결제 네트워크의 '제도권 편입'과 맞물린 구조적 변화임을 시사한다.

결국 현재 글로벌 결제와 디지털 자산 부문에서는, 패드나우와 같은 차세대 금융시스템에 리플넷이 기술적으로 깊숙이 내재되어 실질적인 영향력을 확대하고 있음을 확인할 수 있다. 이는 미국 및 주요국 금융시스템이 블록체인·디지털 자산 생태계와 점차 연결되는 '뉴 패러다임'의 실제적 신호라 할 수 있다.

미국뿐만 아니라 영란은행의 실시간 총액 결제(RTGS, Real Time Gross Settlement)의 거액결제시스템(CHAPS)에도 ISO 20022 마이그레이션이 시작된 것을 영란은행 공식 홈페이지를 통해 확인할 수 있다. 더 나아가 유럽연합의 결제망인 단일 유로지불지역(SEPA)에도 ISO 20022가 깔리기 시작하였다.

최근 페트로 달러가 붕괴되면서 중국과 러시아를 필두로 한 브릭스의 세력이 거세지고 있는데 중국의 위안화 국제결제시스템(CIPS)과 러시아의 금융통신시스템(SPFS)에 블록체인이 탑재된 ISO 20022가 들어갔다. 브릭스의 세력이 거세지며

OPEC+가 가세되고 브릭스도 확장되면서 점점 미국 달러의 헤게모니가 깨지고 있다.

나는 이 같은 대립구도가 디지털 세상의 시작을 좀 더 앞당기는 그들(기득권)의 설계작업이자 시나리오로 보고 있다. 그 이유는 이미 비트코인을 필두로 한 블록체인 산업 전반의 영역을 월가의 금융자본들이 장악하고 있기 때문이다.

이렇듯 주요 국가의 중앙은행은 하나둘씩 디지털 세상으로 나아가면서 ISO 20022를 준비하고 있다.

07
이더리움 창시자
비탈릭 부테린이 말한 리플

이더리움은 2015년 7월 30일 비탈릭 부테린이 창안한 퍼블릭 블록체인 플랫폼이자 이 플랫폼의 자체 통화 이름이다. 암호화폐 투자자라면 알트코인(Altcoin: 비트코인을 제외한 다른 암호화폐들)의 대장인 이더리움을 모를 수가 없다.

나는 이더리움 또한 스마트 계약(Smart Contract)의 대장으로서 투자 가치가 상당히 높다고 평가한다. 우리가 암호화폐에 투자할 때 반드시 포트폴리오 목록에 넣어야 할 토큰으로 생각한다.

 **스마트 계약(smart contract)**

스마트 컨트랙트라고도 하는데, 이것은 블록체인 기반으로 금융거래, 부동산 계약, 공증 등 다양한 형태의 계약을 체결하고 이행하는 것을 말한다.

비탈릭 부테린은 러시아와 캐나다 국적을 가진 사람이다. 그는 초등학교 3학년이 되자 영재반으로 들어가게 되었고 거기서 수학, 프로그래밍, 그리고 경제학에 관심을 두기 시작했다. 다른 또래 아이들보다 두 배 빠른 속도로 세 자리 숫자를 머릿속에서 연산할 수 있었다고 한다. 어렸을 때부터 남다른 두뇌를 가진 천재 프로그램 개발자였다. 그랬던 그가 리플에 대해 여러 가지 발언을 하고 리플에 합류하기 위한 행동을 보였다.

첫 번째로 그는 과거에 리플사의 인턴이 되기 위해 지원했었다. 어쩌면 비탈릭 부테린이 리플사의 CTO(최고기술책임자)가 될 수도 있었던 것이다. 그는 자신의 트위터(X) 계정을 통해 2013년 중반 리플사에서 인턴을 하려 했었다고 밝혔다. 하지만 미국 비자 수속이 복잡하고 신청 대상 기업이 설립 후 최소 1년이 지나야 했지만 리플사는 당시 설립한 지 9개월인 상태여서 포기했다는 것이다.

두 번째로 그는 리플과 비트코인을 비교하며 언급했다. 2019년 암호화폐 전문 매체인 스마터리움(smartereum)에 따르면 이더리움 공동창업자 비탈릭 부테린이 개인 트위터(X)를 통해 "리플이 비트코인보다 더 낫다"고 말했다고 한다. 해당 트윗은 암호화폐 자문회사 '비트코인 어드바이저리(Bitcoin

Advisory)' 창업자 피에르 로차드(Pierre Rochard)의 질문에 대한 답변이었다.

비탈릭 부테린은 왜 이런 말을 했을까? 화폐의 기능에는 가치 척도·지급 수단·가치 저장·교환 기능 등이 있다. 비트코인은 가치 척도와 가치 저장의 기능을 훌륭하게 수행하며 디지털 금으로 자리매김하였다. 하지만 화폐로서 교환의 기능, 지급 수단의 기능을 갖기에는 블록 크기에서 비롯되는 초당 거래 가능 속도(TPS)가 7밖에 되지 않기에 한계점이 명확하다. 비탈릭 부테린은 전 세계를 아우르는 화폐 혁명 측면에서 보았을 때 리플의 가치를 비트코인보다 더 높게 평가했을 것이다.

피에르 로차드는 "비트코인은 최고의 스테이블코인이며 완벽한 가치 저장고"라고 주장했었다. 이에 부테린이 "리플은 여러 기관에 채택되었고 수년간 서로 다른 파트너십을 체결할 수 있었다"며 "리플이 비트코인보다 더 나은 옵션"이라고 답했다. 그 당시 시가총액 3위였던 리플 발행사인 리플랩스는 2018년에만 주류 금융기관과 다수 파트너십을 맺어왔고, 리플 토큰의 가격이 좋지 않았지만 수많은 거래소에 상장되어 있었다.

어쩌면 비탈릭 부테린은 비트코인의 본질을 간파하며 리플을 바라본 것이 아닐까 하는 생각이 든다. 또한 그는 2024년 서울에서 열린 블록체인 행사 '이드 서울 2024(ETH Seoul 2024)'에서 "이더리움은 금융이 아니며 탈중앙화 독립적인 기술"이라고 말했다. 화폐 기능에 주목하는 비트코인과 달리, 이더리움의 블록체인 분야 확장성이 더 크다는 이야기를 한 것이다.

나는 진정한 금융토큰은 리플이라고 본다. 그 이유에 대하여 이 책에 여러 가지 근거를 제시하겠다.

08
ISO 20022와 연관된
토큰과 기업들

다음에 설명하는 토큰들은 앞에서 언급한 4차 산업혁명 시대의 새로운 금융통신메시지 표준을 준수하고 있는 것들이다. 리플 투자의 다양한 생태계로서 새로운 금융의 망들이 준비되고 있다. 리플 하나로만 모든 금융을 포괄한다는 것은 큰 오산이다. 아래와 같은 블록체인과 토큰의 개념을 숙지하고 포트폴리오를 분산하여 장기투자로 이어가길 바란다.

리플(XRP)

리플의 주요 초점은 금융기관 및 은행에 대한 실시간, 국경 간 결제 및 송금을 지원하여 기존 스위프트 네트워크에 대한 비용에 효율적인 대안을 제공하는 것이다. 리플 암호화폐는 리플 네트워크 안에서 이루어지는 브릿지 통화로, 서로 다른 화폐 통화 간의 원활한 가치 교환을 촉진한다.

스텔라(XLM)

스텔라는 소액 결제를 지원하고 분산형 교환 기능을 통해 디지털 자산 발행을 활성화하는 데 중점을 두고 있다. 이 기능은 송금, 토큰화된 자산, 전통적인 은행 인프라가 부족한 지역에 금융 서비스의 액세스 촉진과 같은 애플리케이션에 매우 적합하다. 리플의 공동 설립자인 제드 맥칼럽(Jed McCaleb)이 리플랩스를 나와 비영리 재단인 스텔라루멘을 만들었다. 이는 소액용 거래에 아주 적합한 트랜잭션을 지원한다. 결제 메커니즘을 지원하고 리플을 하드포크하여 만들어진 토큰으로서 리플과 뿌리가 같다고 볼 수 있다.

아이오타(IOTA)

사물인터넷(IoT) 생태계에 초점을 맞춘 독특한 암호화폐이자 분산원장기술이다. 기존 블록체인 시스템과 달리 아이오타는 확장 가능하고 수수료 없는 방식으로 IoT 장치 간의 소액 거래 및 데이터 전송을 처리하도록 설계된 탱글(Tangle)이라는 방향성 비순환 그래프(DAG) 구조를 활용한다.

씬핀네트워크(XDC, XinFin Network)

씬핀네트워크는 안전하고 효율적인 국경 간 거래, 무역 금융 및 공급망 관리를 촉진하는 블록체인 플랫폼이다. 씬핀 하이브리드 블록체인을 기반으로 구축된 씬핀네트워크는 퍼블릭 블록체인과 프라이빗 블록체인의 이점을 결합하여 확장 가능하고 상호 운용 가능한 생태계를 만든다. 주요 초점 중 하나는 글로벌 무역 프로세스를 소화하고 공급망의 비효율성을 줄일 수 있는 플랫폼을 제공하여 전통적인 금융과 블록체인 기술 간의 격차를 해소하는 것이다. 씬핀네트워크의 합의 메커니즘인 씬핀 위임지분증명(XDPoS)은 네트워크 보안과 분산화를 유지하면서 빠른 거래 확인을 보장한다.

알고랜드(ALGO)

알고랜드는 분산 애플리케이션(DApp)을 구축하고 효율적인 블록체인 거래를 촉진하기 위해 확장성이 뛰어나고 안전하며 분산된 환경을 제공하는 블록체인 플랫폼이다. 알고랜드의 주요 혁신 중 하나는 높은 수준의 분산화를 유지하면서 빠른 거래 확인을 가능하게 하는 독점 합의 메커니즘인 순수지분증명(PPoS)이다.

카르다노(ADA)

분산 애플리케이션, 스마트 계약 개발을 위한 확장형 블록체인 플랫폼. 카르다노 세틀먼트 레이어(CSL, Cardano Settlement Layer), 카르다노 컴퓨팅 레이어(CCL, Cardano Computing Layer), 스테이킹을 통해 네트워크 보완 및 에너지 효율성 증대, 우로보로스(Ouroboros)라는 지분증명 합의 알고리즘을 채택하고 있다. 이더리움의 초기 개발자로 있었던 찰스 호스킨슨(Charles Hoskinson)이 창시하였다. 최초 발행일은 2017년 10월 1일이다. 총발행량은 450억 개이며 260억 개가 유통되고 있다. 카르다노는 제대로 된 신원 인증시스템이 없어 금융시스템이 낙후된 개발도상국 같은 데에서 30억 명 이상의 사람들을 대상으로 하고 있다.

헤데라 해시그래프(HBAR)

헤데라는 높은 확장성, 보안 및 공정성 수준을 달성하기 위해 해시그래프 합의로 알려진 새로운 알고리즘을 활용하는 분산형 공용 네트워트이다.

퀀트(Quant)

퀀트 네트워크(QNT) 프로젝트는 크로스체인 거래, 데이터 공유, 여러 블록체인에서 작동할 수 있는 분산 애플리케이션 개발을 가능하게 하는, 범용 커넥터 역할을 하도록 설계된 플랫폼인 오버레져(Overledger)를 소개한다. 오버레저의 고유한 기술을 통해 다양한 분산 원장 기술과 상호작용할 수 있어 서로 다른 블록체인이 안전하고 효율적으로 통신하고 가치를 교환할 수 있다.

09
패드나우, ISO 20022를
지원할 기술을 가진 회사들

패드나우는 미국의 예금기관을 위해 연방준비제도이사회가 개발한 즉각적인 지불 서비스로, 개인과 기업이 돈을 보내고 받을 수 있게 해준다. 해당 서비스는 2023년 7월 20일에 시작되었다. 다음 자료처럼 패드나우에는 다양한 결제시스템 솔루션 회사, 금융소프트웨어 회사들이 연관성을 가지고 있다.

다양한 결제시스템 솔루션 회사, 금융소프트웨어 회사들과 연관성을 갖는 패드나우
(자료: twitter.com/ChadSteingraber/status/1676008868739186689/photo/1)

볼란테 테크놀로지(Volante Technology)

2001년에 설립된 미국의 결제시스템 솔루션 회사로서 다양한 전 세계 150개 이상의 기관이 볼란테를 신뢰하고 있다. 볼란테 테크놀로지에서 파생된 볼페이(VolPay)는 모든 국경 간 결제 네트워크를 지원한다. 그중에서도 스위프트와 리플을 지원하고 있다.

에이씨아이 월드와이드(ACI Worldwide)

에이씨아이 월드와이드는 플로리다주 마이애미에 본사를 둔 결제시스템 회사로서 스위프트의 약 9%의 트래픽, 미국에서는 약 30%를 차지하고 있다. ACI는 스위프트의 글로벌 결제 이니셔티브에 연결하고 활용하고자 하는 전 세계 은행에 서비스를 제공한다. 또한 전 세계의 실시간 계획을 지원하며, 이는 모든 은행이 실시간 결제시스템을 사용하여 스위프트와 리플넷의 송금 및 즉각적인 지불을 지원하고 있다. 해당 공식 홈페이지에서도 리플넷과 연결될 뿐만 아니라 R3를 거론하며 빠르고 비용상 효율적인 국경 간 결제의 메카니즘으로 리플을 직접적으로 언급하고 있다.

테메노스(Temenos)

테메노스그룹(Temenos AG)은 스위스 제네바에 본사를 둔 은행 및 금융 서비스를 위한 기업 소프트웨어를 전문으로 하는 회사이다. 1993년에 처음 만들어졌고, 2001년부터 스위스 증권거래소에 상장되었다. 현재 40개국에 67개의 사무실을 두고 있는 테메노스는 전 세계 145개국에 3,000개 이상 금융기관에 서비스를 제공한다. 이 서비스는 전 세계 상위 50개 은행 중 41개에서 사용된다. 2019년에 진행됐던 뱅가드그룹(Vanguard Group)의 포럼으로 보았을 때, 테메노스 역시 리플넷을 탑재하고 있으며 파트너 관계에 있다. 2023년 9월에는 IBM에서 결제허브를 출시한 이력 또한 보유하고 있다.

이씨에스핀(ECS Fin)

ECS는 프로세스 최적화를 전문으로 하는 엔지니어링기업이다. 거래 처리에 대한 시스템 접근 방식으로 소프트웨어 솔루션을 설계한다. 1999년에 컨설팅 회사로 설립된 ECS는 포춘 100대 기업의 많은 회사에 자문했으며, 사업 부서와 기술 그룹을 조정하며 결제 최적화 솔루션을 구현하고 있다. 기관에 원활한 연결을 제공하는 메시징 허브 및 통합 솔루션을 최적화시키는 결제방식이 있다. 역시나 리플은 그들과 어깨를 나란히 하고 있다.

광범위한 금융 메시징 네트워크, 결제제공업체 및 시장 인프라로 스위프트, 단일유로지불지역(SEPA), 실시간총액결제(RTGS), 청산소 은행 간 지불시스템(CHIPS), 패드와이어(Fed Wire), 패드어치(Fed ACH), 리플 등에 대한 연결을 지원한다.

피나스트라(Finastra)

피나스트라는 금융 소프트웨어 회사로서 영국 런던에 본사가 있다. 이 회사는 소매 은행, 거래 은행, 대출 및 재무 자본 시장에 제품과 솔루션 포트폴리오를 제공한다. 설립 당시 세계에서 세 번째로 큰 금융 서비스 회사였다. 해당 회사의 공식 문서를 보면 국경 간 결제의 효율성 향상을 위해 리플넷을 탑재했다.

패드나우에 유착관계를 가진 다양한 결제솔루션회사, 금융솔루션회사들 모두 리플넷을 탑재하며 리플랩스와 파트너십을 체결하고 있다. 그렇기에 미국이 패드나우를 출시한 2023년 7월 20일을 기점으로 약식판결이 나올 수 있었던 것이라 생각한다.

기득권 세력,
국제기구와 리플

01
국제금융기구

우리가 지표로 삼아야 할 기준은 세계 국제기구이다. 그들은 각국의 중앙은행을 총괄적으로 관리 및 감시하기 때문이다.

국제결제은행(BIS)

국제결제은행(BIS, Bank for International Settlement)은 각국의 중앙은행에 가치를 부여하고 자기자본비율을 통제하는 곳이다. 산하조직에는 스위스의 바젤위원회(BCBS)와 금융안정위원회(FSB) 등이 있다. 2023년 8월 리플랩스는 국제결제은행과 함께 결제 태스크포스에 참여하며 그 입지를 단단히 하고 있다. 여기에는 독일의 최대 은행 도이체방크(Deutsche bank)와 카드사의 중심 세력 마스터카드도 합류되어 있다.

2022년 국제결제은행의 공식 문서인 〈워킹 페이퍼(Working Paper)〉를 보면, 국경 간 결제를 위해 리플랩스의 분산원장기술 (DLT, Distributed Ledger Technology)을 언급하며 비용을 낮추고 속도와 확장성을 높일 수 있다는 내용이 있다. 또한 리플이 국제결제은행의 '국제 결제 상호운용성 및 확장 태스크포스'에 공식 합류한 것으로 알려지면서 리플에 대한 확신은 더욱 커졌다. 이와 더불어 국제결제은행의 '결제 및 시장 인프라 위원회(CPMI)'를 위해 특별 태스크포스를 출범시키는데, 리플을 포함한 총 33개 기관 및 기업이 여기에 참여하면서 전 세계를 아우르는 금융기관들과 연결되어 있다는 것을 확인할 수 있었다.

국제통화기금(IMF)

국제통화기금(IMF, International Monetary Fund)은 세계 5대 기축통화(달러, 유로, 위안, 엔, 파운드)의 비율을 조절하며 환율과 국제 수지를 감시함으로써 국제 금융 체계를 감독하는 곳이다. 리플은 국제통화기금에 합류하며 국경 간 결제를 위한 CBDC를 논의하고 디지털화폐의 도입에 대한 논의를 함께 하고 있다. 2023년에 발간된 국제통화기금의 공식 문서인 〈핀테크 노트(Fintech Notes)〉를 보면 국경 간 결제의 혁신을 위해 3가지의 모델을 언급한다. 첫 번째가 바로 리플랩스의 리플이다. 그 이후에 나열되는 스텔라재단의 스텔라루멘은 리플랩스와 뿌리가 같으며 리플랩스를 함께 설립한 제드 메칼럽(Jed McLeb)이 이를 맡고 있다. 마지막으로 언급되는 솔루션은 비트코인 라이트닝 서비스이다. 하지만 이는 속도와 비용면에서 효율성이 현저하게 떨어져 소액결제에 용이하다.

그러므로 리플랩스의 리플 페이먼트(Ripple Payment. 구 ODL, On Demand Liquidity)가 미래 새로운 스위프트 2.0을 구현할 가능성이 굉장히 높다고 생각한다. 이와 리플은 2023년 5월 국제통화기금에 합류하여 국경 간 결제를 위한 CBDC에 대해 논의했으며, 중앙은행들과 디지털화폐를 논의하는 자리에도 합류했던 이력이 있다. 여기에 리플이 언급되어 있는 국제통화기금의 공식 문서인 〈핀테크 노트〉의 일부를 첨부한다.

FINTECH NOTES Trust Bridges and Money Flows

Three models arise: a private settlement asset and marketplace, such as Ripple's XRP; an open-source marketplace such as the Stellar Foundation's or, more recently, DeFi networks; and a marketplace and settlement asset based on unbacked crypto assets, such as Strike, which leverages Bitcoin and the Lightning Network. However, a public solution (potentially run by a regulated private entity) has key advantages such as (1) tackling the coordination problem around centralizing participation and liquidity provision, (2) offering clear and trusted governance and operational stability, and (3) providing full compatibility with financial integrity standards.

〈핀테크 노트〉에서 국경 간 결제의 혁신을 위해 3가지의 모델을 언급하고 있다.
(자료: www.imf.org/~/media/Files/Publications/FTN063/2023/English/FTNEA2023001.ashx)

세계은행(WB)

세계은행(WB, World Bank)의 논문 〈국경 간 결제를 위한 중앙은행 디지털화폐(Central Bank Digital Currency for Cross Border Payments)〉에 따르면 리플에 대해 안정성과 국경 간 결제의 솔루션으로 인용하고 있다. 국가 간 지불을 위해 리플넷을 사용하고 리플 트랜잭션을 통하여 디지털 통화(가치)는 이동 가능하며 작동한다고 나와 있다. 리플은 두 통화를 연결하는 다리(Bridge Currency) 역할을 하는데, 트랜잭션은 3~4초가 소요되면서 매초 1,500건 이상의 트랜잭션을 처리한다고 해석된다. 각 트랜잭션의 비용은 0.00001달러이며 프로세스에서 리플의 일부를 파괴(소각)해야 한다(0.00001XRP). 결론적으로 리플의 총공급(1,000억 개)은 시간이 지남에 따라 감소하여 디플레이션 토큰화 구조를 취하고 있으므로, 수요과 공급법칙에 의해 가격이 상승할 수밖에 없다는 결론을 도출할 수 있다. 단 이 부분은 CBDC의 세상이 도래하여 도매용 CBDC의 거래에서 리플이 유틸리티로 활용될 경우이다.

영란은행(BOE)

영란은행(BOE, Bank of England)의 공식 홈페이지에는 2017년 7월 10일자로 리플의 개념을 증명해 놓았다. 해당 페이지에는 "우리는 리플 커넥트(Ripple Connect)와 인터레저 프로토콜(Interledger Protccol, 원장연동 프로토콜)을 사용하여 연결된 두 개의 서로 다른 실시간 총액결제시스템에서 통화의 동기화된 이동을 탐색하기 위해 리플을 사용하여 개념 증명을 수행하였다. 우리는 이러한 종류의 동기화가 어떻게 결제 위험을 낮추고 국경 간 결제의 속도와 효율성을 향상시킬 수 있는지 보여주고 싶었다"라고 적어 놓았다. 또한 핀테크 가속화를 위한 개념증명으로 리플에서 시작된 개념인 인터레저 프로토콜을 사용하여 동기화된 지불 결제 방법을 탐색했다고 한다. 인터레저 프로토콜은 리플에서 가치의 인터넷을 구현하기 위해 나온 개념이라는 것이다.

그 외에 아시아개발은행(ADB, Asian Development Bank, Asian Infrastructure Investment Bank), EU연합에서 만든 INATBA (International Association for Trusted Blockchain Applications) 모두 리플랩스와 밀접한 연관이 있으며 공식 논문, 보고서, 자료에서 국경 간 결제의 핵심 방법으로 인용하고 있다. 우리가 리플에 투자함에 있어서 금융기관들과 국제기구들이 어떻게 움직이고 있는지 살펴보며 반드시 CBDC가 구현되는 시기까지 Time Leverage를 할 필요가 있다. 리플랩스의 비전이자 슬로건은 "가치 있는 인터넷 구축"으로 오늘날 인터넷 혁명으로 정보가 자유롭게 이동하듯이 세상의 모든 가치를 이동할 수 있도록 노력해 왔기 때문이다.

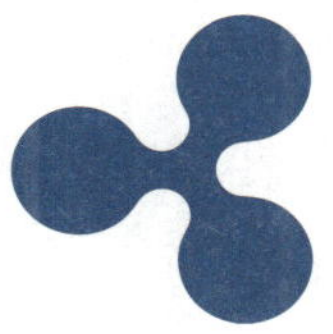

02
인터레저 프로토콜과
빌 & 멀린다 게이츠 재단의 관계

인터레저 프로토콜(ILP, Interledger Protocol)은 2015년 10월 리플랩스에서 처음 소개한 개념이다. 서로 다른 원장(ledger)이 소통할 수 있는 네트워크를 구축하는 일종의 연결고리다. 유형과 관계없이 자금을 보낼 수 있는 분산형 범용 네트워크를 생성하도록 프로그래밍된 프로토콜의 모음이다. 인터레저를 사용하면 참가자는 자신이 선택한 통화로 돈을 보내고 받을 수 있으며 환전을 자동화할 수 있다. 모든 가치 저장 시스템의 상호운용성을 가능하게 해준다.

인터레저 재단(Interledger Foundation) 역시 리플랩스의 회장 크리스 라슨(Chris Larsen)과 개방형 웹 수익화 표준을 만드는 스타트업인 코일(Coil)의 창시자이자 리플의 전 CTO였던 스테판 토마스(Stefan Thomas)가 이사회 구성원으로 자리하고 있다. 즉 인터레저 프로토콜과 인터레저 재단은 리플랩스가 보유한 기술력이자 구성원들이 모두 리플로 연결되어 있다.

미국의 클라우드 컴퓨팅 사업을 필두로 하는 마이크로소프트의 회장 빌 게이츠는 세계적인 갑부이다. 그는 2000년에 전 부인인 멜린다(Melinda)와 재단을 하나 설립하였다. 재단의 이름은 '빌 & 멀린다 게이츠 재단(Bill & Melinda Gates Foundation)' 이다. 해당 재단은 재정이 투명하게 운영되는 민간 재단 중 세계에서 가장 규모가 크다. 이 재단은 게이츠 가의 관심과 열정에 의해 운영된다. 주 운영 목적은 국제적 보건의료 확대와 빈곤 퇴치, 전 세계를 아우르는 금융 포용성 등을 지원하는 것이다. 그리고 미국 내에서는 교육 기회 확대와 정보 기술에 대한 접근성 확대를 목적으로 한다.

시애틀에 본부를 둔 이 재단의 운영에 대한 주요 결정은 빌 게이츠, 멀린다 게이츠, 그리고 워런 버핏, 이 세 명의 이사에 의해 내려진다. 그 외에도 부회장인 윌리엄 H. 게이츠 시니어와 최고경영자 제프 레이크스가 재단 운영에 참여하고 있다. 재단은 2008년 10월 1일 기준으로 351억 달러의 기금을 보유하고 있다. 재단의 막대한 재정 규모와 적절한 기부처를 찾는 앞선 경영 기법 덕분에 전 세계 자선재단 중에서도 가장 선도적인 단체로 인정받는다. 재단을 설립한 게이츠 부부는 2007년 미국에서 가장 훌륭한 자선가 50인 중 두 번째로 선정되기도 했다.

여기서 우리가 초점을 맞춰야 할 재단의 목적은 금융 포용성 지원이다. 해당 목적을 달성하기 위해 빌 & 멜린다 게이츠 재단은 프로젝트를 하나 추진하였다. 그 이름은 모자루프(Mojaloop)이다. 모자루프 재단의 오픈소스 소프트웨어 프로젝트의 이름을 따서 만들어졌다. 이 프로젝트는 금융 포용 노력의 기술적 장벽을 줄이기 위해 디지털금융 제공자의 상호 운용 가능한 결제 플랫폼을 만들기 위한 참조 모델이다. 2017년 빌 & 멜린다 게이츠 재단의 '레벨 1 프로젝트'로 만들어지고 출시되었다. 참고로 모자(Moja)는 '하나'를 의미하는 스와힐리어 단어로부터 유래되었다.

재단 안에는 디지털금융 서비스 제공업체 간의 결제 라우팅, 청산 및 정산을 위한 여러 구성 요소가 있다. 이들은 전 세계 약 80억 명에게 금융에 대한 포용력을 제공하기 위해 노력한다. 그 실행의 일환으로 결제를 촉진하기 위해 리플랩스의 기술인 인터레저 프로토콜을 채택하였다. 다시 말하면 빌게이츠 재단은 모자르푸 재단을 지원하며 이 모자르푸 재단은 리플과 파트너 십을 체결하고 있다는 뜻이다. 그렇기에 모자르푸 재단의 공식 홈페이지 스폰서 멤버를 보면 빌 & 멜린다 게이츠 재단과 구글, 인터레저 재단, 싱가포르의 통화청 그리고 리플이 합류되어 있다.

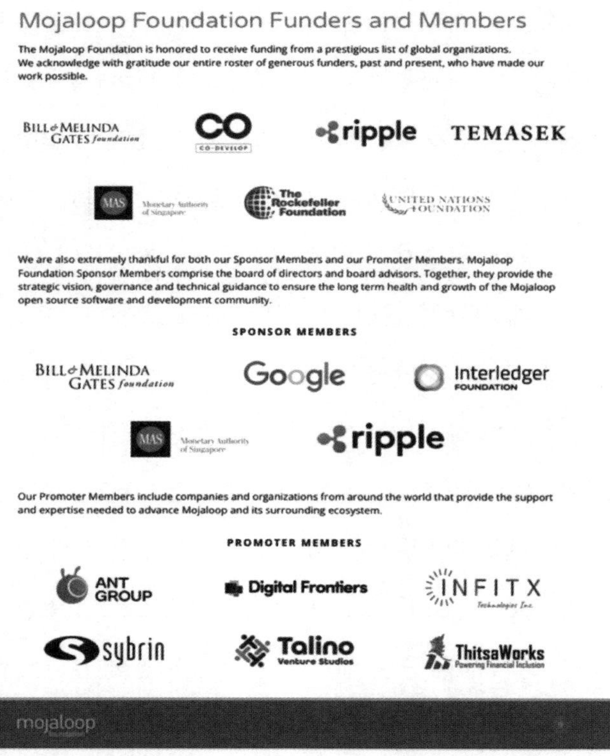

모자르푸 재단의 공식 홈페이지에 나와 있는 스폰서 멤버
(자료: mojaloop.io/foundation/members)

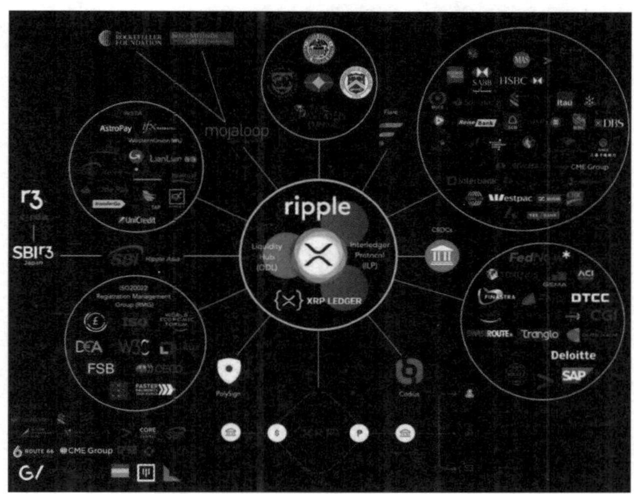

리플과 파트너십을 체결하고 있는 단체와 기업
(자료: x.com/Tokenicer/status/1766908131966357820/photo/1)

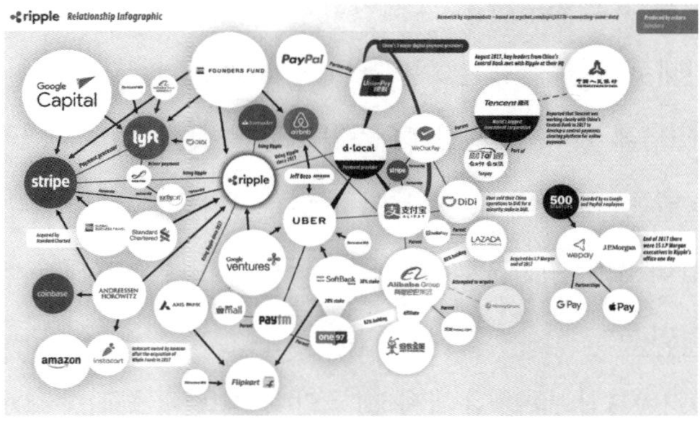

리플의 관계 인포그래픽
(자료: www.reddit.com/r/Ripple/comments/7ppom6/ripple_relationship_
infographic/#lightbo x)

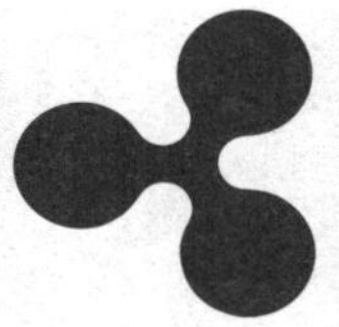

03
세계경제포럼에서
인정하는 코인 리스트

세계경제포럼(WEF, World Economic Forum)은 저명한 기업인, 경제학자, 저널리스트, 정치인 등이 모여 세계 경제에 관해 토론하고 연구하는 국제민간회의이다. 독립적 비영리 재단 형태로 운영되며, 본부는 스위스 제네바주의 도시인 콜로니(Cologny)에 있다. '세계경제올림픽'으로 불릴 만큼 권위와 영향력이 있는 유엔 비정부자문기구로 성장하면서 세계무역기구(WTO)나 서방선진 7개국(G7) 회담 등에 막강한 영향력을 행사하고 있다.

1971년 1월 독일 유대계 혈통의 경제학자 클라우스 슈밥(Klaus Schwab)이 창설한 '유럽경영포럼(European Management Forum)'으로 출발했다. 1987년 '세계경제포럼'으로 명칭을 변경하면서 전 세계에 영향력을 전파하기 시작했다. 1981년부터 매년 1월에서 2월 사이 스위스 그라우뷘덴주에 위치한 휴양 도시 다보스(Davos)에서 열렸기 때문에 세계경제포럼은 '다보스포럼(Davos Forum)'으로 불리기도 한다.

세계경제포럼의 사명은 '세계의 상태를 개선하기 위해 노력하는 것'이다. 그렇기에 전 세계의 경제 상황 개선을 위해 각국의 사업을 연결하여 지역 사회의 산업 의제를 결정한다. 또한 세계 각국의 정상, 장관, 국제기구 수장, 재계 및 금융계 최고경영자들이 모여 각종 정보를 교환하고 세계 경제 발전 방안 등에 대해 논의한다. 분열된 세계에서 공동의 미래를 창조하기 위한 전 세계 지도자들의 모임이라고 할 수 있다.

2020년 세계경제포럼에서는 디지털금융 보고서에서 지속 가능한 디지털금융의 핵심 요소로 블록체인 기술을 거론하며 디지털금융의 초석을 다지고 있다고 언급했다. 이러한 세계경제포럼에서 가치를 인정하고 파트너십을 맺고 있는 재단과 코인을 소개하겠다.

첫 번째로 리플이다. 세계경제포럼은 인터넷이 정보를 위해 일을 한 것과 같이 리플이 가치를 위해 일하고 있다고 설명했다. 전 세계가 즉각적이고 원활하게 흐를 수 있게 하므로 이를 가치의 인터넷이라고 명명한다고 했다. 블록체인과 암호화폐 기술을 사용하여 리플은 재정적 효율성, 형평성 및 포용성에서 강력한 이득을 창출하는 데 전념한다고 명시했으며, 정부, 기업 및 소비자를 위한 새로운 디지털 경제를 촉진할 미래의 사용 사례를 개발하고 활성화하고 있다는 점을 칭찬했다.

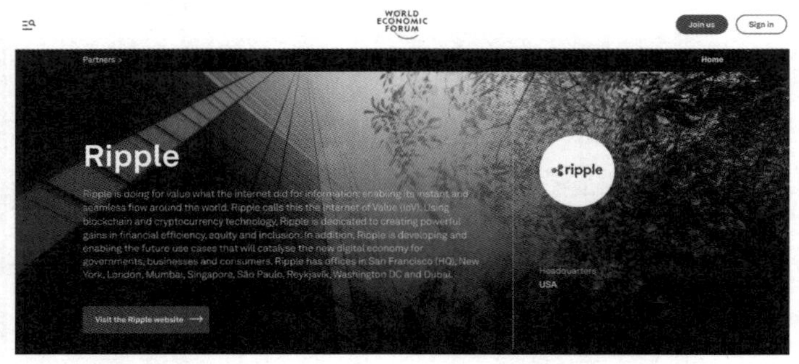

세계경제포럼 홈페이지에 소개한 리플(자료: www.weforum.org/organizations/ripple)

두 번째는 리플과 뿌리가 같은 스텔라루멘이다. 2014년 7월 리플의 공동 설립자인 제드 맥칼럽이 리플랩스를 나와 비영리 재단인 스텔라루멘을 만들었다. 리플을 하드포크하여 만든 코인이기에 형제 관계라고 볼 수 있다.

세계경제포럼은 스텔라개발재단(SDF)을 오픈소스 스텔라 블록체인(Stellar Blockchain) 네트워크의 개발과 성장을 지원하기 위해 2014년에 설립된 비영리 기구로 명시했다. 스텔라개발재단과 스텔라루멘은 돈을 더 유동적으로 만들고, 시장을 더 개방적으로 만들며, 사람들에게 더 많은 권한을 부여함으로써 세계 경제적 잠재력을 끌어낼 수 있다고 칭찬했다. 이 재단은 스텔라 블록체인의 코드베이스를 유지하고, 기술 및 비즈니스 커뮤니티를 지원하며, 규제 기관 및 기관의 연설 파트너로 명시했다.

세 번째는 알고랜드재단(Algorand Foundation)이다. 이는 새로운 금융통신메시지 표준(ISO 20022)을 준수하는 코인 중 하나이다. 알고랜드재단은 실비오 미칼리(Silvio Micali)를 필두로 한 주요 과학자 팀이 처음 설계했다. 알고랜드(Algo)와 오픈소스 소프트웨어를 활용하여 블록체인 기술의 글로벌 약속을 이행하는 데 전념하고 있다. 세계경제포럼에서는 알고랜드재단을 개방적이고 공개적이며 허가 없는 블록체인을 구축하는 데 핵심적인 기술을 가지고 있다고 호평했다. 또한 모든 사람이 공평하고 진정으로 국경 없는 경제의 잠재력을 활용할 수 있는 기회를 제공하는 포괄적인 생태계에 대한 비전을 명시하고 있다고 했다.

네 번째는 헤데라(Hedera)이다. 헤데라 역시 새로운 금융통신메시지 표준(ISO 20022)을 준수하는 코인이다. 헤데라는 누구나 거의 실시간 확정성을 갖춘 안전하고 공정한 애플리케이션을 구축할 수 있는 분산형 엔터프라이즈급 퍼블릭 네트워크이다. 세계경제포럼에서는 헤데라를 소유하고 관리하는 그룹을 명시하고 있는데, 그 기관들은 다음과 같다. 에이버리 데니슨(Avery Dennison), 보잉(Boeing), 덴톤스(Dentons), 도이치 텔레콤(Deutsche Telekom), 디엘에이 파이퍼(DLA Piper), 에프티 포스(Eftpos), FIS(WorldPay), 구글(Google), 아이비엠(IBM), LG 전자, 매거진 루이자(Magalu) 노무라(Nomura), 스월즈(Swirlds), 타타 커뮤니케이션즈(Tata Communications), 영국런던대학교 (UCL), 위프로(Wipro), 자인그룹(Zain Group)을 포함한 세계 유수의 조직으로 구성된 협의회가 헤데라를 소유하고 관리한다는 것을 명시했다.

헤데라의 티커는 'HBAR'이다. 헤데라는 퍼블릭 헤데라 네트워크의 네이티브, 에너지 효율적인 암호화폐이다. 헤데라는 애플리케이션 거래 수수료를 지불하고 지분증명을 통해 네트워크를 공격으로부터 보호하는 데 사용되기도 한다.

다섯 번째는 패리티 테크놀로지(Parity Technologies)이다. 패리티 테크놀로지는 핵심 블록체인 인프라 기업이다. 패리티 테크놀로지의 엔지니어는 폴카닷(Polkadot)을 구동하는 오픈 소스 기술의 대부분을 개발한다. 이는 이더리움을 구축하는 작업으로 시작되었다. 오늘날 패리티 테크놀로지는 산업 표준 블록체인 프레임워크인 기판(Substrate)에 집중하고 있다.

세계경제포럼에서는 분산형 웹 블록체인 메타 프로토콜인 폴카닷을 구축하여 암호 경제를 세계에 안전하게 연결할 수 있다고 명시했다.

나는 폴카닷 또한 좋은 투자 옵션이라고 생각한다. 폴카닷의 티커는 DOT이며 싱가포르 기반의 세계 최대 디지털 은행인 싱가포르개발은행(DBS)에서 인덱스(index) 지표로 등재되어 있다.

여섯 번째는 컨센시스(Consensys)이다. 컨센시스는 이더리움의 공동 창립자 조셉 루빈(Joseph Lubin)이 설립한 블록체인 소프트웨어기술 회사이다. 조셉 루빈은 2015년 초에 이더리움에서 작동하는 분산형 소프트웨어 서비스와 애플리케이션을 개발하는 소프트웨어 파운드리로 컨센시스를 만들었다. 2018년 10월 31일, 컨센시스는 소행성 채굴 회사인 플렌터리 리소시스(Planetary Resources)를 인수했다. 2020년 8월에는 JP모건으로부터 뱅킹 블록체인 플랫폼 쿼럼(Quorum)을 인수했다. 또한 2021년 11월에는 애니모카 브랜즈(Animoca Brands), 코인베이스 벤처스(Coinbase Ventures), HSBC은행 등으로부터 32억 달러의 가치로 2억 달러를 모금했다. 그뿐만 아니라 2022년 3월에는 파라파이캐피탈(ParaFi Capital)이 주도한 새로운 라운드에서 4억 5천만 달러를 모금했으며, 마이크로소프트 손정의 회장의 소프트뱅크(SoftBank), 싱가포르의 대형 국부펀드 테마섹(Temasek)도 회사의 새로운 투자자로 합류했던 이력이 있다. 즉 이더리움과 연관성을 갖는 컨센시스의 투자 자본금과 그에 따라 발생한 기술력은 입증이 끝났다고도 볼 수 있다.

세계경제포럼에서는 컨센시스의 사명을 피어투피어(Peer to Peer) 거래와 교환을 용이하게 하기 위해 단순화되고 자동화된 분산형 애플리케이션을 만드는 것에 초점을 두고 있다. 또한 컨센시스가 프로젝트의 개발 및 인수에 관심이 있다고 설명하며 블록체인 기술과 앱은 스마트 계약, 암호화폐 및 자산 소유권을 사용하여 기존 권한으로부터 권한을 분산시킬 수 있다고 설명하고 있다.

일곱 번째는 체인링크(Chainlink)이다. 체인링크는 2017년 9월에 처음으로 발행되었으며 뉴욕대학교 출신의 세르게이 나자로프(Sergey Nazarov)가 만들었다. 재단은 미국에 있다. 퍼블릭 체인 및 프로토콜 서비스를 연구 및 개발하며 합의알고리즘은 작업증명방식(POW, Proof of Work)을 채택했다. 체인링크는 블록체인의 스마트 계약을 블록체인 외부의 데이터, 결제, API 등에 연결하기 위해 사용하는 블록체인 미들웨어 플랫폼이자 암호화폐이다. 이더리움 기반으로 작동하는 각종 스마트 계약이 현실 세계의 데이터와 쉽게 연결되도록 돕는 역할을 한다. 체인링크는 오라클 문제(oracle problem)를 해결하기 위한 중간자이며, 폴카닷과 함께 인터체인 프로토콜의 고유명사로 불린다. 또한 스위프트와 협력하여 '스위프트 스마트 오라클(Swift Smart Oracle)'이라는 기능을 개발했다.

체인링크는 변조 방지 데이터를 오프체인 소스에서 온체인 스마트 계약으로 전송하는 데 사용하도록 만들어졌다. 세계경제포럼에서는 대기업인 구글, 오라클, 스위프트와 폴카닷, 신세틱스(Synthetix), 루프링(Loopring), 에이브(Aave), 오픈로우(OpenLaw), 컨플럭스(Conflux) 등과 같은 선도적인 스마트 계약 개발팀에 매우 안전하고 신뢰할 수 있는 오라클(Oracle)을 제공하는 것으로 명시하고 있다. 체인링크는 미국의 대형 증권 거래소인 나스닥(Nasdaq), 세계 최대의 파생상품 거래소인 시카고상품거래소(CME Group), 세계 최대 암호화폐 신탁사 그레이스케일(Grayscale), 우지한이 설립한 메트릭스포트(MatrixPort) 등의 기관들에서 거래를 지원하고 인덱스로 등재되어 있는 것으로 보았을 때 앞으로 제대로 된 가치 반영이 기대되는 코인이다.

마지막으로 폴리곤(MATIC)이다. 폴리곤(Polygon)은 이더리

 **오라클**

그리스 로마 신화에서 유래된 오라클은 본래 신과 직접 소통하여 신탁을 전달해 주는 예언자로, 블록체인에서는 블록체인 밖에 있는 데이터를 블록체인 안으로 전달하는 것을 말한다.

오라클은 문제가 발생하곤 하는데, 이는 블록체인 밖의 데이터를 블록체인에 기록할 때 생성될 수 있는 문제로, 오라클 현상 혹은 연결성 문제라고도 이야기한다. 문제는 블록체인 밖에 있는 데이터인 오프체인(Off-chain)을 온체인(On-chain) 형태로 기록할 때 발생한다. 일반적으로 블록체인 안에 있는 데이터를 온체인 데이터, 블록체인 밖에 있는 데이터를 오프체인 데이터라고 한다. 블록체인에 기록된 온체인 데이터는 위변조가 어렵지만, 블록체인 밖의 오프체인 데이 터를 바탕으로 스마트 컨트랙트를 실행할 때 현실 세계의 데이터 진위 여부에 대한 문제가 야기될 수 있다.

축구 경기 배팅 스마트 컨트랙트를 예로 들어보겠다. 결과를 예측하여 자신이 예상하는 우승팀에 배팅을 진행하는 과정은 블록체인상에서 이루어지기 때문에 아무런 문제가 발생하지 않는다. 문제는 경기 결과를 블록체인 안으로 전송할 때 발생한다. 누군가 악의적으로 경기 결과를 조작하여 잘못된 정보를 입력하게 되는 경우 블록체인 전체에 대한 신뢰성이 무너지는 문제가 발생할 수 있다. 이를 오라클 문제라고 한다.

움 네트워크를 기반으로 다양한 스케일링 솔루션을 구축하며, 멀티체인 블록체인 시스템을 만드는 것을 목표로 하는 대표적인 레이어2 프로젝트이다. 쉽게 말해 레이어1의 대표 격인 이더리움의 높은 가스 수수료와 속도 측면에서 해결해 주는 역할을 수행한다. 또한 이 프로젝트는 영지식증명 기술을 핵심 프로토콜로 활용하고 누구든지 가치를 창출할 수 있는 환경을 제공함으로써 사용자에게는 빠르고 저렴한 블록체인 경험을, 개발자에게는 친화적인 환경을 제공한다.

세계경제포럼에서는 폴리곤을 모든 사람을 위한 Web 3.0

이라 믿는다고 등재했다. 또한 개발자가 보안을 지키고도 낮은 거래 수수료로 확장 가능하고 사용자 친화적인 분산형 앱을 구축할 수 있는 분산형 이더리움 확장 플랫폼으로 평가하고 있다. 앞으로 폴리곤 또한 지속적인 업그레이드를 통해 막대한 가치가 반영될 것으로 판단된다.

2022년 2월 폴리곤은 타이거 글로벌(Tiger Global)과 소프트뱅크의 비전펀드(Softbank Vision Fund)를 포함한 세콰이아캐피탈 인도법인(Sequoia Capital India)이 주도한 라운드에서 폴리곤(MATIC) 토큰을 판매하여 4억 5천만 달러를 모금한 이력이 있다. 또한 2022년 11월 JP모건은 폴리곤과 수정된 에이브(Aave)를 사용하여 퍼블릭 블록체인에서 첫 번째 라이브 거래를 실행했다. 이와 더불어 2022년 12월 15일 도널드 트럼프는 폴리곤 네트워크에서 주조된 일련의 디지털 아트 NFT를 대중에게 각각 99달러에 판매하기 위해 출시한 적도 있다. 폴리곤은 2024년 9월을 기준으로 티커가 MATIC에서 POL로 변경될 예정이다.

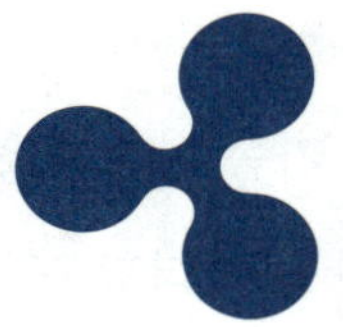

04
미래 금융 기술과
파트너 세력들

2020년 1월 금융 네트워크 분석(FNA)과 프날리티 인터내셔널(Fnality International)이 새로운 협력 관계를 형성했다고 발표했다. 프날리티 인터내셔널은 분산원장기술(Distributed Ledger Technology)이 어떻게 금융의 미래를 변화시키는지 알아보는 회사로서 DLT(Distributed Ledger Technology) 및 토큰화를 통해 약속된 P2P 시장을 가능하게 하는 새로운 글로벌 결제시스템인 프날리티 글로벌 페이먼츠(Fnality Global Payments)를 구축하고 있다. 시스템은 분산화 금융시장 인프라(dFMI)가 되어 운영되는 각 통화로 규제된다.

프날리티 인터내셔널은 금융 네트워크 분석의 데이터 및 분석 기능을 사용하여 다양한 영향 분석 및 시뮬레이션을 수행한다. 이는 규제 승인 과정의 필수 요소가 될 것이며 모든 이해 관계자가 이 새로운 기능이 기존 금융시장 인프라 및 국제 결제시스템과 상호 작용하는 방식을 이해하는 데 도움이 될 수 있다. 프날리티 인터내셔널의 CEO인 로마이오스 램(Rhomaios Ram)은 "우리의 새로운 결제시스템은 기존 시장 인프라와 공존 할 것입니다. 금융 네트워크 분석의 역량을 통해 우리는 모든 이해관계자가 기대하는 철저하고 정보에 입각한 분석 작업을 수행할 수 있을 것입니다"라고 말한 바 있다.

금융 네트워크 분석의 CEO인 킴모 소라마키(Kimmo Soramaki) 는 "프날리티 인터내셔널과 협력하여 글로벌 결제시스템에서 분산화 금융시장 인프라(dFMI)가 어떻게 작동하는지 시뮬레이 션하게 되어 매우 기쁩니다. 이전에는 이정도 규모와 세분화로 수행된 적이 없었습니다." 즉 두 기관은 상호 보완적 관계로, 파 트너십 관계라고 볼 수 있다. 프날리티 인터내셔널은 금융기관 컨소시엄에 의해 설립되었다. 주주 구성을 보면 전 세계를 지배 하는 기득권 금융세력들이 자리를 차지하고 있다. 창립 주주로 는 산탄데르 그룹(Banco Santander), 뉴욕멜론은행(BNY Mellon), 바클리즈(Barclays), 캐나다 임페리얼 상업은행(CIBC), 코메르 츠은행(Commerzbank), 크레딧 스위스(Credit Suisse), 네덜란드 최대 ING 그룹, 벨기에의 KBC 그룹, 로이스 뱅킹 그룹(Lloyds

Banking Group), 미즈호은행(Mizuho Bank), 미쓰비시은행(MUFG Bank), 나스닥(Nasdaq), 미쓰이스미토모은행(Sumitomo Mitsui Banking Corporation), 스테이트 스트리트(State Street Corporation) 및 스위스의 최대 은행 유비에스(UBS) 등이 있다. 그들은 상호 보완적일 뿐만 아니라 다양한 글로벌리스트 그룹들과도 유착 관계를 가지고 있다. 예로는 CME그룹, Canada Payment, UK Finance, 미국 재무부, 미국 국방부, 리플(Ripple)이 있다.

HQLAx

"원활하고 정확한 실시간 증권 소유권 이전"이라는 비전을 갖고 있는 금융기술 회사이다. HQLAx는 분산원장기술을 활용하여 증권 금융 및 레포(Repo, 환매조건부채권매매) 업계에 획기적인 효율성을 제공하는 혁신적인 금융기술 회사다. HQLAx의 핵심 고객은 글로벌 증권 금융 및 레포 시장에서 활동하는 은행과 자산 관리자이며, 이 회사의 고유한 플랫폼을 통해 시장 참여자는 원활하고 정확하며 실시간으로 증권 소유권 이전을 실행할 수 있다. 골드만삭스는 JP모건, 뉴욕멜론은행, 씨티그룹 및 비앤피파리바(BNP Paribas)를 비롯한 여러 대형 은행의 지원을 받는 HQLAx의 투자자이다. HQLAx의 기관 주주 구성 목록을 보면 세계 기득권 금융세력이 연결되어 있다는 것을 짐작해 볼 수 있다. 레포 시장에서는 앞서 언급한 것처럼 JP모건의 오닉스(Onyx, 현재는 키네식스(Kinexys)로 리브랜딩) 블록체인 JPM 토큰이 유틸리티로 쓰일 것으로 예상된다.

HQLAx의 기관 주주 구성 목록(자료: www.hqla-x.com)

하이퍼레저(Hyperledger)

하이퍼레저는 리눅스 재단(Linux Foundation)이 주도하는 기업용 블록체인 기술 개발을 위한 오픈소스 프로젝트이다. 하이퍼레저는 기업형, 서비스형 블록체인을 구현하기 적합하여 실제로 많이 쓰이고 있으며 IBM 등 유명 글로벌 회사들도 개발에 참여할 정도로 유용하다고 알려져 있다. 리플과 이더리움 기업연합과 함께 블록체인 컨소시엄에 합류되어 있으며 다양한 프로젝트들이 구현되고 있다. 미국의 다국적 기술 컨설팅 회사인 IBM의 코드를 따서 만든 하이퍼레저 패브릭(Hyperledger Fabric)이 가장 활발하게 개발되고 있으며 유럽연합에서 만든

INATBA의 조직 구성에도 포함되어 있다. 다양한 프로젝트로 금융, IoT(사물인터넷), 기술, 제조 등에서 상위 기업 블록체인 기술을 채택하여 4차 산업혁명을 준비하고 있다. 또한 하이퍼레저 재단의 분산원장기술 솔루션의 구성원을 보면 리플, 블록체인 최대 컨소시엄 R3, IBM, 예금신탁청산공사(DTCC), 액센츄어(Accenture) 등이 포함되어 있다.

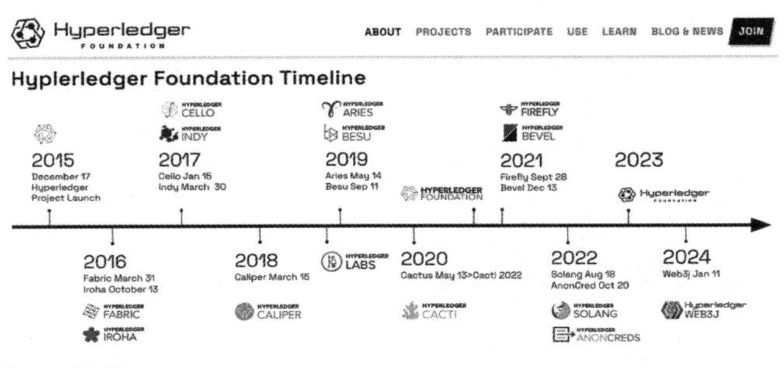

하이퍼레저에서 진행하고 있는 다양한 프로젝트(자료: www.hyperledger.org)

아다라(Adhara)

아다라는 실시간 다중 통화, 유동성 관리 및 국제 결제솔루션을 제공하는 선도적인 소프트웨어 회사이다. 분산형 금융 네트워크를 위한 유동성 관리 및 국제 결제를 제공한다. 블록체인 기술, 스마트 계약 및 화폐 토큰화가 도매 금융시장을 더욱 효율적이고 안전하게 만드는 강력한 도구로 자리매김했다. 이를 통해 은행은 유동성 수준을 줄이고 오류를 줄이고 비용을 절감하면서 실시간으로 결제 작업을 수행할 수 있다. 아다라는 널리 수용되는 표준, 오픈소스, 엔터프라이즈급 블록체인 기술을 활용하여 은행의 이익을 위한 제품과 솔루션을 구

하이퍼레저 재단의 분산원장기술 솔루션의 구성원(자료: www.hyperledger.org/members)

축한다. 아다라는 2021년 세계경제포럼 기술 개척자 코호트에 합류했고, 리플랩스는 2022년 세계경제포럼의 공식 파트너사로 인정했다.

R3

블록체인 최대 컨소시엄으로 데이비드 루터를 필두로 한 월가의 베테랑들이 만든 핀테크 기반 스타트업이다. 원래 데이비드 루터는 ICAP(전산 금융 중개 리스크 관리 플랫폼)를 제공하는 회사의 대표이사였다. 그런데 비트코인을 통해 흥미로운 기술을 발견한 후 비트코인이 아닌 그 기반이 되는 블록체인이 금융시장을 파괴적으로 변화시킬 것이라는 판단을 내렸고, 이는 자연스럽게 대형 은행들의 지원을 받으며 컨소시엄이 구성되었다. 원래 역사적으로 금융시장에서 경쟁사들끼리 협력하는 경우가 없지만 블록체인 - 분산원장 기술은 본질적으로 거래의 상대방이 있어야만 구현이 가능하기에 협력적인 컨소시엄 구성이 가능했다. 초기에 참여한 9개의 은행은 JP모건 체이스, 크레딧 스위스(Credit Suisse), 호주 커먼웰스 은행(Commonwealth Bank of Australia), 유비에스(UBS), 바클리즈(Barclays), 빌바오 비스카야 아르헨타리아 은행(BBVA), 스테이트 스트리트(State Street), 스코틀랜드 왕립은행(Royal Bank of Scotland), 골드만삭스이다. 초기

에는 리플과 소송을 제기하며 적대적 관계였지만 2018년 11월
에 리플 50억 개를 0.0085달러에 판매해 주면서 서로 합의하
에 현재는 파트너십을 체결하고 있다.

이더리움 기업연합

2015년 이더리움이 출시된 이후 잠재적인 비즈니스 애플리
케이션으로 인해 명성과 인기가 높아졌다. 많은 기업에서는 이
러한 응용프로그램을 이론에서 현실로 가져오는 것을 목표로
하여 하나의 연합을 만들었다. 이것이 바로 이더리움 기업연합
(EEA, Enterprise Ethereum Alliance)의 등장이다. 이더리움을 비즈
니스 용도로 활용한다는 목표로 유명 기업부터 스타트업까지
다양한 기관들이 이 연합에 포함된다.

이더리움은 거대하고 신뢰할 수 있는 블록체인 생태계라고
볼 수 있다. 그리고 이더리움 기업연합은 오늘날 이더리움을 비
즈니스에 활용하는 데 도움을 주고 있다. 이더리움 기업연합의
이사회 구성원을 보면 블록앱(blockapps), 컨센시스, 이더리움
재단, 한영회계법인(Ernst & Young), JP모건, 마이크로소프트, 산
탄데르 등이 있다. 나열된 기관들은 모두 리플랩스와 파트너십
관계에 있거나 초기 투자자 기관들이다. 또한 이더리움 기업연
합은 하이퍼레저 재단과 파트너십을 구축하고 있다. 리플랩스

역시 하이퍼레저 재단의 분산원장기술 환경 회원으로 등재되어 컨소시엄에 합류한 이력이 있다. 즉 기득권 세력들은 이더리움이나 리플과 같은 블록체인을 활용하여 금융망뿐만 아니라 기업과 회사에서도 블록체인 생태계가 활용되고 코인으로 결제할 수 있는 세상을 만들고 있다고 볼 수 있다.

그렇기에 우리가 투자할 때에도 이더리움과 리플을 병렬적으로 모아갈 필요성이 있다. 앞에서도 언급했듯이 글렌 허친스는 2018년 1월에 "이더리움과 리플은 끝까지 생존할 것"이라는 말을 했었다. 전 나스닥 회장이자 연준과 유착관계를 가지고 있으며 블랙록의 자회사인 블록스톤과 유착관계를 가지고 있는 것을 보았을 때, 그의 발언은 의미심장하게 들을 필요가 있다고 판단된다. 그는 디지털커런시그룹(DCG)의 이사회 구성원으로도 자리하고 있다.

이더리움 기업 연합의 이사회 구성원(자료: entethalliance.org)

05
미국과 유럽의 결제위원회

미국 신속결제위원회(FPC, Faster Payment Council)는 업계 주도의 멤버십 조직으로, 미국인이라면 언제 어디서나 누구에게나 안전하고 보안이 유지된 방식으로 지불할 수 있는 세계적인 수준의 지불 시스템을 갖춘다는 내용을 비전으로 한다. 이 위원회는 설계상 다양한 관점을 장려하며 미국 지불 시스템의 모든 이해관계자에게 개방되어 있다. 공정성, 포용성, 유연성 및 투명성의 원칙에 따라 협력적이고 문제 해결적인 접근 방식을 사용하여 이 나라에서 광범위하게 빠른 지불 방해 문제를 해결하는 것을 목표로 한다. 그들은 미국에서 가장 오래된 은행으로 손꼽히는 뉴욕멜론은행, 미국 최대 상업은행이 소유한 은행협회이자 결제회사인 청산소, 세계 최대 증권거래소로 꼽히는 나스닥, 전 세계 금융기관·기업·카드 소지자 및 가맹점 사이에서 중요한 경제적 연결고리를 제공하는 글로벌 기업 마스터카드, 미국 기반의 지불 시스템 회사인 에이씨아이 월드와이드(ACI Worldwide) 등과 협력하여 미국 전반에 걸친 결제시스템에 일조하고 있다.

미국의 신속결제위원회에는 리플의 임원 펫 텔렌(Pat Thelen)이 합류되어 있다. 2023년 7월 리플과 미국 증권거래위원회 소송의 약식판결과 맞물리는 시점에 미국의 신속결제위원회와 청산소에서는 국경 간 결제의 혁신을 위한 프레젠테이션에서 리플을 국경 간 결제의 솔루션으로 인용한 이력이 있다.

유럽 결제위원회(EPC, European Payment Council)는 단일유로결제지역(SEPA, Single Euro Payment Area)에 가입한 시민과 기업이 단일 지불 계좌나 카드를 통해 유럽 전역에서 유로로 지불할 수 있도록 하는 것을 목표로 2002년에 설립되었다. 유럽 결제서비스 제공자(PSP)에 대한 하나의 초점과 목소리를 제공하는 국제 비영리 기구이다. 유럽 결제위원회는 결제서비스 제공자, 주로 은행과 결제서비스 제공자 협회로 구성된 회원 조직이다. 유럽 차원의 이해관계자 및 규제 기관과 끊임없이 대화하면서 위원회는 유럽 결제의 통합과 개발을 지원하고 촉진한다. 이 사명은 유럽의 수천 개 결제서비스 제공자들이 사용하는 5가지 유럽 결제위원회 지불제도로 이어지며, 매년 500억 건 이상의 거래를 처리한다.

　유럽 결제위원회 역시 리플넷과 함께 ISO 20022 등록관리 그룹에 소속되어 있다. 또한 유로존 지역의 결제시스템인 단일 유로 결제지역에는 2024년 4월 8일을 기점으로 ISO 20022를 마이그레이션하였다.

리플이 바꿀 새로운 세상

01
전 세계의 송금망이
하나로 통합된다

전 세계 200여 국가, 11,000개의 기관, 3,000여 개의 금융사들이 주주를 구성하는 전 세계 결제 파이프라인이 있다. 그것은 바로 스위프트(SWIFT)이다. 스위프트는 금융 피라미드 꼭대기에 있는 국제결제은행(BIS), 국제통화기금(IMF), 세계은행(WB)과 함께 지속적인 금융망 혁신을 위해 힘써오고 있다.

우리가 핸드폰을 충전할 때 여러 가지 타입이 있듯이 금융시장에서도 규격에 맞는 하나의 금융통신메시지 국제표준(ISO)이 있다. 현재는 ISO 7775를 지나 ISO 15022가 활성화되어 있고 점점 ISO 20022라는 국제표준으로 변화되고 있다. 스위프트 공식 홈페이지에는 2025년 11월까지 해당 국제표준이 모두 공존하는 타임라인을 제공하고 있다.

우리가 가장 중요하게 봐야 할 부분은 전 세계 금융기관들이 탑재하고 있는 ISO 20022 국제표준에 리플넷이 등록관리 그룹으로 들어가 있다는 것이다.

현재 리플랩스는 전 세계의 송금망을 아우르는 자금이체기업과 국경 간 송금업체인 니움(Nium), 노바티(Novatti), 모듈러(Modular), 트랭글로(Tranglo), 아이래밋(I-Remit), 머니매치(Money Match), 태국시암은행(SCB), 센트비(Sentbe), 머니넷(Money Net), SBI 레밋(SBI Remit), 인스타램(Instarem), 트래블렉스 은행(Travelex Bank) 등과 파트너십을 체결하고 있다. 이는 리플랩스 공식 홈페이지의 '고객 사례 연구'만 보더라도 알 수 있다. 리플은 현재 미국 굴지의 핀테크 회사들과도 파트너 관계를 맺고 있다. 일례로 아마존을 들 수 있다. 이미 아마존 웹 서비스의 공식 홈페이지에 소개된 파트너 프로필에는 리플넷이 등재되어 있다. 또한 유럽 금융 시장의 강화 및 통합과 관련 정책 작업에 기여할 목적으로 2000년에 설립된 유로피(Eurofi)가 있다. 이는 금융 서비스에 전념하는 유럽의 싱크탱크로 불리기도 한다. 그들의 기술·결제 회원에도 역시나 아마존 웹 서비스와 아마존 페이(Amazon Pay), 더 나아가 카드사의 양대산맥을 이루는 비자, 마스터 그리고 리플이 등재되어 있다.

이 모든 망은 리플넷으로 연결되어 우리가 아마존에서 쇼핑할 때, 식당에서 카드로 음식값을 지불할 때, 해외로 돈을 송금할 때, 심지어 주유소에 가서 기름을 넣을 때도 리플넷을 통해 암호화폐로 결제가 가능한 시대가 올 것이다.

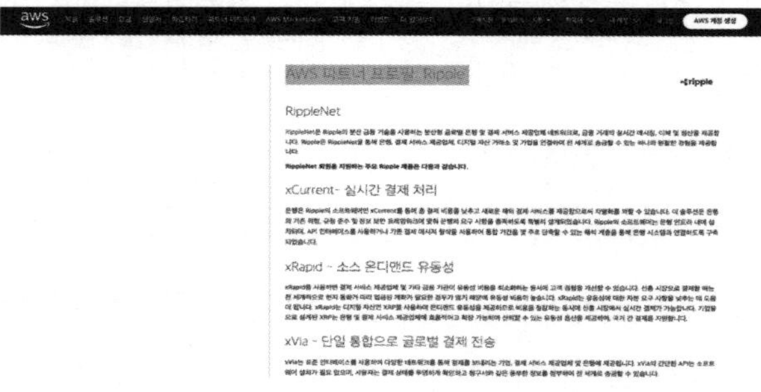

아마존 공식 홈페이지에 파트너로 소개된 리플랩스
(자료: aws.amazon.com/ko/partners/success/ripple)

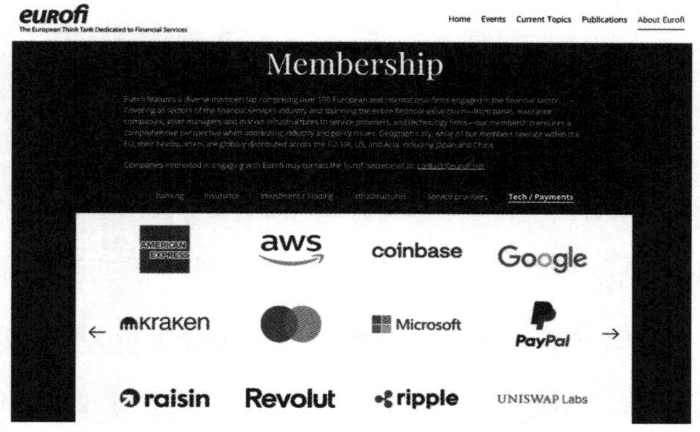

유로피의 기술·결제 회원으로 등재되어 있는 기업들
(자료: www.eurofi.net/about-eurofi)

02
남다른 초기 투자자의
리플 히스토리

리플의 역사를 살펴보면 '리플 페이(Ripple Pay)'를 설립한 라이언 푸거(Ryan Fugger)로부터 시작된다. 라이언 푸거는 2004년에 전 세계 은행 간 송금을 위한 서비스를 개발했다. 하지만 그 당시 블록체인의 시초인 비트코인(2009년 출시)조차 세상에 나오기 전이기 때문에 블록체인 기술과는 전혀 무관한 회사였다.

그 후 2012년 라이언 푸거가 물러나고 '크리스 라슨(Chris Larsen)'과 '제드 맥칼럽(Jed McCaleb)'이 회사를 인수하며 '오픈 코인(Open Coin)'을 설립한다. 그들은 이때를 기점으로 블록체인 기술과 암호화폐 개념을 도입하였다. 그들은 프라이빗 블록체인을 구현하며 타원곡선 디지털서명 알고리즘(ECDSA)을 채택하였고 C++언어로 공동 개발하였다. 이와 더불어 리플 트랜잭션 프로토콜(RTXP)을 개발하면서 2013년 9월 리플랩스(Ripple Labs)라는 이름으로 사명을 변경한다. 즉, 리플은 XRP로 통용되는 토큰이면서 회사 이름이기도 하다.

리플은 비트코인의 영향을 받아 블록체인 기반의 암호화폐 개념을 도입했다. 그때 리플 트랜잭션 프로토콜인 RTXP를 처음 개발했다. 기존의 은행 간 송금은 시간이 오래 걸리고 수수료가 비쌌으나 리플 프로토콜을 이용하면 실시간으로 송금이 가능하며 수수료가 거의 없다는 장점이 있었다. 이를 위해 비트코인과 유사한 암호화폐인 리플을 발행했다. 오픈코인은 초기부터 미국 최대의 벤처 투자사인 앤드리슨 호로위츠(a16z, Andreesse Horowitz)와 구글벤처스(GV, Google Ventures), 시카고거래소그룹(CME Group), 디지털커런시그룹(DCG), 액센츄어, 스탠다드차타드 등 월가의 주류들과 유착관계를 가진 글로벌리스트들로부터 투자를 유치했다.

또한 리플의 초기 창립자이자 현재 리플의 회장인 크리스 라슨은 2017년 현 유럽중앙은행 총재인 크리스틴 라가르드가 국제통화기금의 총재를 역임하던 시절 핀테크 관련 고위급 자문 그룹 명단에 이름을 올리며 큰 명예를 얻었다. 그곳에는 써클사의 CEO 제레미 알레어(Jeremy D. Allaire), 미국의 중앙예탁기관(DTCC)의 전무이사 로버트 게리손(Robert Garrison), 호주

증권투자위원회 의장 그레그 메드크레프트(Greg Madcraft), 캐
나다 중앙은행 수석 부총재 캐롤린 윌킨스(Carolyn Wilkins) 등
권력 있는 인물들이 다수 있었다.

The members of the High Level Advisory Group are:
- Jeremy Allaire, Chief Executive Officer of Circle
- Dr. Long Chen, Chief Strategy Officer of Ant Financial Services
- Santiago Fernandez de Lis, Chief Economist of Financial Systems and Regulation at BBVA
- Robert Garrison, Managing Director and Chief Information Officer at the DTCC
- Chris Larsen, Executive Chairman of Ripple
- Adam Ludwin, Chief Executive Office of Chain
- Blythe Masters, Chief Executive Officer of Digital Asset
- Greg Medcraft, Chairman of Australian Securities and Investments Commission
- Professor Robert Merton, MIT Sloan
- Patrick Murck, Fellow at the Harvard Berkman Klein Center
- Marco Santori, Partner at Cooley LLP
- Alex Tapscott, Chief Executive Officer of Northwest Passage Ventures
- Carolyn Wilkins, Senior Deputy Governor at the Bank of Canada,
- Bradley J. Wiskirchen, Chief Executive Officer of Kount

국제통화기금 홈페이지에 소개된 오픈코인의 고위급 자문 그룹 명단
(자료: www.imf.org/en/News/Articles/2017/03/15/pr1784-imf-managing-director
-welcomes- establishment-of-high-level-advisory-group-on-fintech)

리플랩스는 초기였던 2013년부터 워런 버핏의 버크셔 해
서웨이가 대주주로 있는 뱅크오브아메리카(BOA)와 홍콩과
상하이에 기반을 둔 영국의 최대 은행 HSBC은행, 일본의 최
대 은행 미쯔비시UFJ은행으로부터 투자를 유치했다. 리플랩
스는 미국과 일본뿐만 아니라 영국, 독일, 호주, 캐나다 등의
금융사들과 파트너십을 맺어 리플을 사용하게 한 부분을 보

았을 때, 금융가들은 과거부터 금융의 혁신을 일으키기 위해 블록체인 기술에 큰 관심을 가졌다고 볼 수 있다.

2025년 현재, 일본 오사카에서 개최되는 월드 엑스포 2025를 계기로 리플과 그 기술적 기반인 리플원장이 일본의 금융시스템 및 대규모 글로벌 이벤트와 한층 더 깊이 연계되고 있다. 일본을 대표하는 대형 금융기관인 에스비아이홀딩스(SBI Holdings)의 키타오 요시타카 회장은 "2025년까지 일본 내 대다수 은행이 리플 솔루션을 채택하게 될 것"임을 누차 강조하며, 실제로 SBI는 리플랩스의 최대 외부 주주로서 지분 약 8~9%를 확보하고 있다. 2025년 오사카 월드 엑스포

SBI그룹의 회장 기타오 요시타카는 2025년까지 일본의 모든 은행이 리플을 사용할 것이라고 주장했다. (자료: www.coinspeaker.com/sbi-bank-japan-ripples-xrp)

에서 공식 방문객 NFT("Myakuun!")를 리플원장으로 발행하는 혁신 프로젝트도 SBI 그룹이 주도하고 있으며, 이 NFT와 디지털 월렛은 SBI VC Trade, SBINFT 등 계열사와 SMBC, 미쓰이스미토모은행, 미쓰비시UFJ파이낸셜그룹(MUFG) 등 일본 금융 대기업이 컨소시엄으로 참여하여 운용될 예정이다.

엑스포 2025 NFT의 본격적인 발행은 2025년 4월부터 10월까지 진행되며, 약 2,800만 명에 달하는 전 세계 방문객들에게 리플원장 기반의 NFT가 배포될 것으로 전망된다. 리플의 전략 담당 부사장 에미 요시카와는 자신의 X(옛 트위터) 계정을 통해 이 프로젝트가 "수백만 명의 사람들이 실질적으로 리플원장 생태계를 경험하고, 차세대 디지털 실명 솔루션과 블록체인 접목을 체감할 수 있는 기회가 될 것"임을 강조한 바 있다.

리플은 일본 시장에서 금융기관뿐만 아니라 정부, 공공기관, 기술 인프라 전반과도 긴밀한 파트너십을 구축하고 있다. 주주 보상에 리플을 활용하는 혁신적인 금융 프로그램, 공식 엑스포 NFT 등은 모두 리플의 실용성과 확장성을 상징하는 대표적인 사례로 평가받는다. 이런 배경 아래 2025년 일본 오사카 엑스포 현장은 리플과 블록체인 생태계가 실생활과 대규모 글로벌 이벤트에서 어떻게 융합될 수 있는지 입증하는 무대로 주목받고 있다.

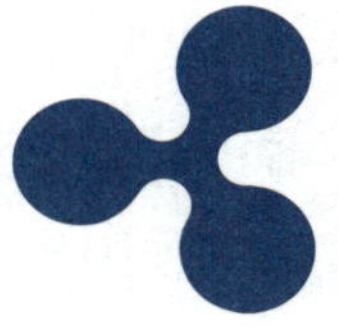

03
비트코인,
이더리움과 리플의 차이

리플은 대중성을 띤 비트코인이나 이더리움과는 다른 성격을 갖고 있다. 비트코인과 이더리움이 익명의 노드로 누구나 참여할 수 있는 속도가 느린 퍼블릭 블록체인(Public Blockchain)이라면, 리플은 허가된 노드만 접근이 가능하며 빠른 속도와 낮은 수수료를 자랑하는 프라이빗 블록체인(Private Blockchain)이다. 퍼블릭 블록체인과 프라이빗 블록체인 중 어느 것이 더 훌륭하고 좋다고 정의할 수 없다. 하지만 은행 간의 송금, 국경 간 결제에 있어서는 프라이빗 블록체인이 더 적합한 포지션에 있다는 것은 명백한 사실이다. 그 이유는 리플랩스가 채택하는 프라이빗 블록체인은 퍼블릭 블록체인보다 속도, 확장성, 보안 면에서 월등히 뛰어난 지표로 활용되기 때문이다. 다음의 표에 퍼블릭 블록체인과 프라이빗 블록체인에 관한 차이점을 정리해 보았다.

	퍼블릭 블록체인	프라이빗 블록체인
접근성	누구나 가능	허가를 받아야 가능
속도	느림	빠름
신원	익명의 노드	확인된 노드
수수료	필수	필요하지 않거나 거의 없음
하드포크	가능	불가능
탈중앙성	높음	낮음
합의 알고리즘	PoW, PoS, DPoS	BFT 계열
대표 암호화폐	비트코인, 이더리움 등	리플, 하이퍼레저 패브릭, R3 코다

퍼블릭 블록체인과 프라이빗 블록체인의 차이점

프라이빗 블록체인의 대표적인 암호화폐로는 리플뿐만 아니라 하이퍼레저 패브릭과 블록체인 최대 컨소시엄 R3 코다(R3 Corda) 등이 있다. 리눅스 재단의 오픈소스를 활용하여 설계된 하이퍼레저 재단과 세계 최대 블록체인 컨소시엄인 R3 모두 리플랩스와 파트너십을 맺고 있으며, 긴밀하게 연결되어 리플랩스의 분산원장기술을 활용한 결제의 메커니즘으로 리플을 채택하고 있다. 즉 유기적으로 연결되어 있다는 뜻이다.

리플에 투자하기에 앞서 또 한 가지 알아야 할 점이 있다면, 리플은 비트코인과 다르게 채굴되지 않는다는 것이다. 비트코인의 경우 2,100만 개로 발행량이 정해져 있으며 대략 2140년에는 마지막 반감기를 맞이하며 채굴이 종료될 것이다. 시간이 갈수록 비트코인 채굴자들에게 지급되는 비트코인 보상은 줄어들 것이며 점점 0으로 수렴할 것이다. 결국 2140년 정도에는 0.00000001BTC에 불과한 수치가 될 것이다. 2024년 현재는 6.25BTC의 채굴 보상이 주어진다.

리플은 이와 다르게 초기 발행량이 1,000억 개로 제한된다. 또한 리플랩스는 2017년부터 550억 개의 물량은 안전한 매매 보호 서비스를 위한 명분으로 에스크로 지갑에 물량을 락업해 두었다. 총발행량 1,000억 개 중 나머지 물량인 450억 개만 시장에 공급된 것이다.

에스크로(escrow)

상거래 시에, 판매자와 구매자 사이에 신뢰할 수 있는 중립적인 제삼자가 중개하여 금전 또는 물품을 거래하도록 하는 것, 또는 그러한 서비스를 말한다. 거래의 안전성을 확보하기 위해 이용된다.

투자의 가격은 본질적으로 수요와 공급으로 결정된다. 리플넷(RippleNet)을 통해 거래나 송금이 발생할 때 각 트랜잭션은 소액의 수수료(일반적으로 0.00001XRP, 즉 10drops)가 부과되어 소각됨으로써 네트워크 상태에 따라 유통량이 미세하게 감소한다. 따라서 총발행량이 1,000억 개로 고정되어 있더라도 거래가 누적될수록 유통 잔량은 서서히 줄어드는 디플레이션 성격의 특성이 존재한다.

한편, 지갑의 무분별한 생성과 계정 탈취 시도의 억제를 목적으로 개인 지갑을 생성할 때는 1XRP가 예치금으로 잠긴 채 남아있도록 설계되어 있으며(이 수량은 XRP 가격변동에 따라 수정이 가능하다) 이는 자동화된 대량 계정 생성(bot) 및 악성 행위를 억제하는 기능을 수행한다. 거래소가 아닌 'Xaman 월렛', '기린 월렛' 등의 개인 지갑(계정) 생성 시 해당 예치금 잠김 현상이 진행된다.

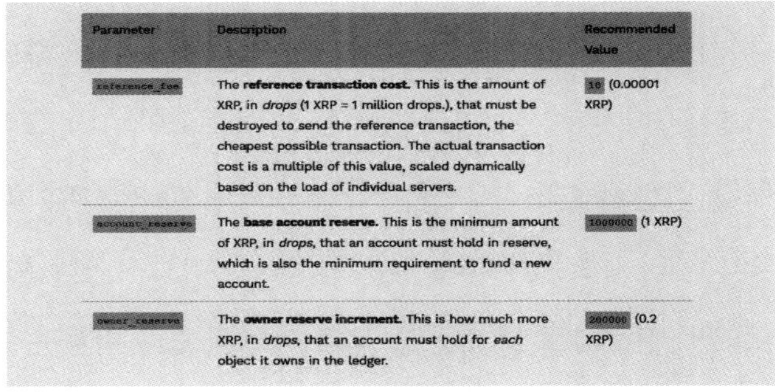

Parameter	Description	Recommended Value
reference_fee	The **reference transaction cost.** This is the amount of XRP, in *drops* (1 XRP = 1 million drops.), that must be destroyed to send the reference transaction, the cheapest possible transaction. The actual transaction cost is a multiple of this value, scaled dynamically based on the load of individual servers.	10 (0.00001 XRP)
account_reserve	The **base account reserve.** This is the minimum amount of XRP, in *drops*, that an account must hold in reserve, which is also the minimum requirement to fund a new account.	1000000 (1 XRP)
owner_reserve	The **owner reserve increment.** This is how much more XRP, in *drops*, that an account must hold for *each* object it owns in the ledger.	200000 (0.2 XRP)

한 트랜잭션당 소각되는 물량이 0.00001XRP(10Drop)이다.
리플 한 개당 1,000,000분의 1로 쪼개지는 단위인 드랍(Drop)을 사용한다.
(자료: xrpl.org/docs/concepts/consensus-protocol/fee-voting)

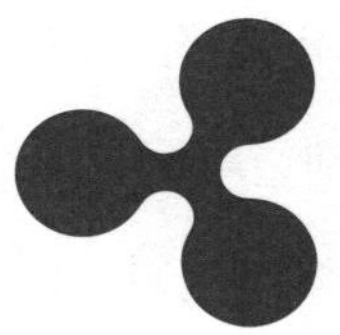

04
하위 단위, Drop

　암호화폐 중 쪼개지는 방식을 구현하는 메이저 토큰은 3개이다. 디지털 금이라고 불리는 비트 코인과 비트코인을 하드포크해서 만든 디지털 은이라고 불리는 라이트코인(LTC) 그리고 리플이다. 비트코인의 경우 사토시 단위로 설계되었으며 그 수치는 1억 분의 1로 쪼개진다. 라이트코인은 라토시 단위로 이것 역시 1억 분의 1로 쪼개진다. 그와 대조적으로 리플은 100만 분의 1로 쪼개지는 '드랍 방식'을 취하고 있다.

　업비트 창을 보면 BTC 마켓(사토시 마켓)이 따로 존재한다. 해당 마켓에 존재하는 토큰은 비트코인을 구매해야지만 해당 토큰을 매수할 수 있다. 대표적인 예로 저장소 코인의 대표 주자인 파일코인(FIL), 비트코인캐시(BCH) 등이 있다.

나는 미래에 드랍 마켓(Drop Market)이 생성되면서 리플을 가지고 있어야 매수할 수 있는 토큰도 생겨날 것이라고 예상한다.

과연 그 설계자들은 왜 비트코인, 라이트코인 그리고 리플을 쪼개지는 방식인 사토시, 라토시, 드랍 단위로 만들었을까? 내가 생각하는 이유는 경제의 새로운 패러다임인 디지털 세상이 도래했을 때, 해당 토큰의 수요가 폭발하여 가치가 반영된다면 하위 단위로 쪼개지는 형태가 필요할 것이기 때문이라고 본다. 리플의 경우에 가치가 반영되어 큰 상승이 일어난다면 은행 송금 시 수수료의 표면적인 부담을 덜어주기 위한 방안으로 드랍 형태를 구현할 것이다. 비트코인과 라이트코인 또한 디지털 세상의 금과 은으로서 가치 저장 수단의 값어치는 막대한 비율로 커질 것이라고 본다.

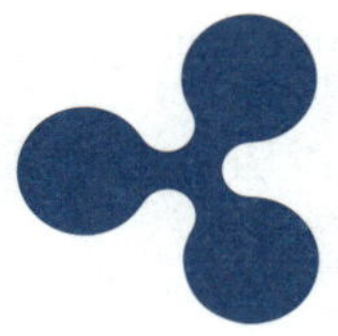

05
현재 스위프트의 한계점

앞서 설명한 바와 같이 스위프트는 국제 금융, 외환 거래 등에 수반되는 국제 은행 간의 자금 결제, 금융 관련 메시지 전송 등을 신속하고 정확하게 처리하는 국제 은행 간 금융 통신망이다. 1973년 5월 3일 벨기에에서 은행 간 금융거래와 지불을 목적으로 설립된 협동조합 형태의 비영리 법인으로, 세계 각국의 송금망은 모두 스위프트를 거친다. 예컨대 미국 뉴욕에서 한국 서울로 돈을 송금하기 위해서는 미국 은행에 송금을 요청하고 송금 요청을 받은 은행은 스위프트를 통해 서울에 위치한 은행에 돈을 보낸다.

현재 우리가 살아가는 혁신적인 정보화 시대에 스위프트 시스템은 발맞추어 따라가지 못하고 있다. 이제 금융의 혁신이 일어 정보의 자유로운 이동뿐만이 아닌 가치(돈)의 자유로운 이동을 구현할 시점이다. 이는 바로 내가 리플을 집중 분석하고 공부하여 투자하는 이유와 직접적으로 연결된다.

현재 계좌 간 이체는 매우 신속하게 이루어지고 산업 발전에 따라 점점 자동화, 기계화로 바뀌면서 은행 시스템 역시 많은 변화를 겪고 있다. 하지만 국제 결제를 할 때 현 스위프트의 방식은 구시대적 시스템이다. 그 이유에 대해서 하나씩 살펴보겠다.

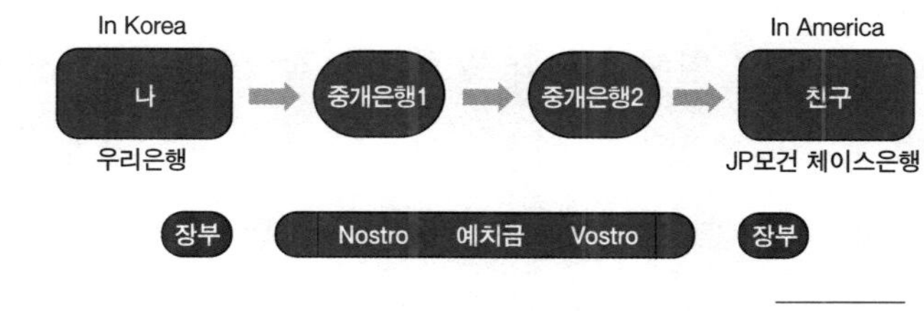

스위프트로 해외송금 할 때의 경로

스위프트 방식이 구시대적 시스템인 이유는 우선 수수료가 비싸다.

한국에 있는 내가 미국에 있는 친구에게 돈을 송금한다고 했을 때 앞서 언급한 것처럼 스위프트망을 반드시 거쳐야 한다. 돈을 보내려면 심플하게 우리은행에서 JP모건 체이스은행으로 바로 보내야 맞는데, 그렇게 하지 않고 해당 금액에 맞는 전신환을 중개은행과 환전은행을 거쳐서 보내야 한다. 이는 국가에 따라 몇 개의 중계자 과정을 거치는지가 달라진다. 중간 과정이 발생하다 보니 송금수수료뿐만 아니라 중개수수료와 환전수수료도 발생한다.

두 번째로 비효율적이다.

지금 바로 시중은행 앱에 들어가서 실제 미국에 있는 친구에게 돈을 송금하려면 30~40분 정도면 이체가 완료된다. '뭐야, 빠르잖아?'라고 생각할 수 있겠지만 이는 은행끼리의 장부놀이라는 것을 알아야 한다. 은행들은 각각 장부를 가지고 있으며 마치 외상으로 할 때 장부에 적어 놓듯이 숫자놀이를 하는 것이다. 우선 돈은 보내주고 일정 주기마다 '지급청산결제방식'으로 은행들끼리 서로 정산한다.

이 부분에 들어가는 인력과 시간 또한 비효율적인 요소라고 볼 수 있다. 은행은 업무시간이 짧고 각 나라 간 시차가 발생하므로 실질적인 자금의 이동이 3~5일 이상 소요되는 경우가 보편적이다. 또한 5~6%의 오차율이 존재하기에 리스크 가능성을 배제할 수 없다. 이렇듯 여러 모로 굉장히 비효율적이라고 볼 수 있다.

마지막으로 유동성을 해친다.

은행들끼리 장부놀이를 하기 위해서는 송금이 이루어지는 나라의 은행끼리 신뢰가 보증되어야 한다. 상대 국가의 자금을 어느 정도 보유하고 있는지, 서로 믿고 보낼 수 있는지에 대한 신뢰가 형성되어 있어야 하는 것이다. JP모건 체이스는 미국의 대표 금융사이기에 걱정이 없겠지만 돈을 보내야 하는 국가가 아프리카 지역이라고 생각해보자. 그 은행을 어떻게 믿고 돈을 보낼 수 있겠는가?

그렇기에 각 은행은 서로의 자금력을 확인하기 위해 노스트로 계좌(Nostro Account), 보스트로 계좌(Vostro Account)라고 하는 예치금 계좌를 갖는다. 예를 들어 서아프리카의 감비아 공화국으로 돈을 보낸다고 가정했을 때, 감비아의 제니스 은행이 대한민국 원화를 얼마나 보유하고 있는지 예치금 계좌의 유무에 따라 가치 전송의 시작이 결정된다. 하지만 이는 온전히 은행들의 유동성을 해치는 지표로 작용한다. 감비아에 있는 친구가 한국에 살고 있는 나에게 돈을 보낸다고 가정해 보자. 내가 사용하는 한국의 주거래 은행은 감비아의 법정화폐인 달라시를 받기 위해 어느 정도의 달라시를 예치금 계좌에 보유하고 있어야 한다. 달러, 위안, 파운드, 엔, 유로와 같은 5대 기축통화는 당연히 보유하고 있겠지만 전 세계 156

가지 종류의 법정화폐를 모두 보유하고 있을 수는 없다. 하지만 국가 간 송금을 할 때는 그들 국가의 법정화폐를 모두 예치금 계좌에 보유하고 있어야 하기 때문에 예치금으로 묶여 있는 돈은 억 단위, 조 단위가 아닌 경 단위가 넘어간다. 대략 2~3경 원 정도에 달하는 돈이 은행에 잠자고 있는 셈이다.

 **노스트로 계좌(Nostro Account)**
외국환 은행이 외국에 있는 은행에 개설하여 외화를 보유하고 있는 계좌.

 **보스트로 계좌(Vostro Account)**
외국 은행이 현지 통화로 그 은행에 보유하고 있는 계좌.
노스트로와 보스트로 계좌는 두 은행 간의 거래를 용이하게 하는 데 사용.

은행의 메인 수익구조는 예대마진이다. 예대마진이란 대출금리와 예금금리의 차이로 금융기관의 수입이 되는 부분을 말한다. 예대마진이 크다는 것은 예금의 대가로 지불한 이자에 비해 대출을 해주고 받은 이자가 더 많다는 의미가 된다. 그렇기에 전 세계 은행에 예치금 계좌로 죽어 있는 약 2~3경 원의 돈은 일할 수 없는 죽은 돈이나 마찬가지이다.

06
블록체인을 금융에 결합하다: R3

세상에는 다양한 천재들이 있는데, 나는 블록체인 최대 컨소시엄 R3의 창시자를 그 중 한 사람이라고 생각한다. 그는 블록체인 기술을 은행 송금망과 연결 지으며 금융의 혁신을 확신했다. 그는 바로 미국의 스타트업 대표인 데이비드 루터이다. 데이비드는 2014년에 세 명의 월가 베테랑들과 함께 R3라는 핀테크 기반 스타트업을 창업했다. 데이비드 루터의 이름을 딴 R과 세 명의 공동창업자가 있었기에 사명은 R3로 지었다고 한다.

그는 원래 전산금융중개 리스크관리 플랫폼(ICAP) 회사의 대표였다. 그가 비트코인을 발견하면서 블록체인 개념을 인지하기 시작했고 이를 통해 금융망과의 결합을 생각해낸 것이다. 이는 자연스럽게 대형 은행들의 지원을 받으며 컨소시엄이 구성되었다. 컨소시엄이란 라틴어에서 유래된 단어로 '협력', '동지'를 뜻한다. 즉, 컨소시엄은 하나의 목적을 위해 뭉친 협회나 조합을 말하는 것이다. 원래 역사적으로 금융시장에서 경쟁사들끼리 협력하는 경우가 없지만 블록체인-분산원장기술은 본질적으로 거래의 상대방이 있어야만 구현이 가능하기에 협력적인 컨소시엄 구성이 가능했다. 초기부터 메이저 금권 세력들이 달라붙기 시작하면서 블록체인 최대 컨소시엄으로 자리 잡았다.

초기에 투자를 유치했던 은행들은 JP모건 체이스, 크레딧 스위스, 호주 커먼웰스 은행, 유비에스, 바클리즈, 방코 빌바오 비스카야 아르헨타리아 은행, 스테이트 스트리트, 스코틀랜드 왕립 은행, 골드만삭스 등이 있었다. 금융권뿐만 아니라 마이크로소프트와 인텔 등 60여 곳이 참여하며 블록체인 최대 컨소시엄 R3의 명성은 점점 올라갔다. 블록체인 최대 컨소시엄 R3의 목표는 블록체인이 금융시장에 어떻게 작용하는지 알아보는 것이었다. 과거 사례를 살펴보면 2017년 9월 리플랩스와 소송을 진행했었다. 하지만 1년 정도의 법적 공방전 끝에 2018년 9월 R3가 리플 50억 개를 0.0085달러에 구매할 수 있게 합의를 보면서 현재는 R3의 결제 메커니즘에 리플을 채택하고 있다. 또한 R3는 SBI그룹과 파트너십을 체결했으며 리플랩스 역시 6 : 4 구조(SBI그룹 60%, 리플랩스 40%)로 SBI 리플 아시아(SBI Ripple Asia)라는 합작회사를 가지고 있다. 그렇기에 블록체인 최대 컨소시엄 R3와 리플은 유착관계에 있다고 볼 수 있다.

R3의 홈페이지에 등재된 R3의 결제 메커니즘에 리플을 채택했다는 보도자료 내용
(자료: r3.com/press-media/r3-launches-universal-corda-settler-application)

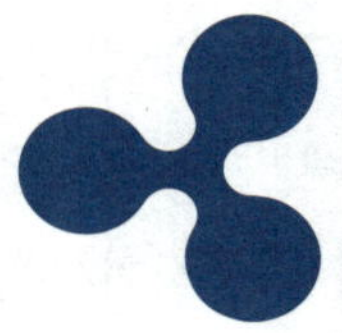

07
파이낸스 블록체인: 리플 페이먼츠

리플 페이먼츠(Ripple Payment)에 관한 개념은 우리가 리플에 투자하면서 반드시 숙지해야 하는 사항이다. 이를 이해하기 위해서는 분리되어 있었던 3가지의 개념, 엑스커런트, 엑스래피드, 엑스비아에 관해 알고 넘어가야 한다. 하나씩 차례대로 살펴보겠다.

엑스커런트(xCurrent)

엑스커런트는 은행과 기업들을 위한 개발 솔루션으로, 기존의 스위프트 시스템에 리플 인터레저 프로토콜(ILP) 기술을 활용해서 은행과 기업들이 기존의 자금 이동을 더욱 빠르고 간결하게 처리할 수 있도록 하는 것이다. 블록체인을 활용하기에 오차율은 0%에 수렴하며 엑스커런트를 활용하면 기존 3~7일이 걸리던 국제 송금을 몇 분 만에 간단히 처리할 수 있게 된다. 해당 시스템에서는 'I Owe You(내가 너에게 빚지다)'라는 뜻을 활용한 차용증(IOU)의 개념과 연결다리로서 게이트웨이의 개념이 쓰인다. 2019년 우리나라의 메이저 은행으로 손꼽히는 우리은행과 신한은행은 엑스커런트를 도입하여 리플의 고객사로 합류했던 이력이 있다.

엑스래피드(xRapid)

엑스커런트와 엑스래피드의 차이점은 간단하다. 엑스커런트가 자금을 주고받을 때 IOU(차용증)와 게이트웨이를 통해 가치의 이동이 되는 것이라면, 엑스래피드는 리플을 실질적으로 활용하는 솔루션이다. 다시 말해, 은행의 명목화폐를 사용하는 대신 리플을 이용해 송금을 처리하는 것이 엑스래피드이다. 이를 통해 은행이 가진 유동성 리스크를 완전히 해소할 수 있다는 점이 혁신이라 할 수 있다. 이 개념이 바로 주문형 유동성(ODL)이며 현재는 리플 페이먼츠로 리브랜딩되었다. 둘 다 리플을 브릿지 통화(Bridge Currency)로 활용한 결제솔루션이지만 주문형 유동성(ODL)은 은행 전용이고 리플 페이먼츠는 기관을 대상으로 한다.

엑스비아(xVia)

엑스비아는 은행을 넘어선 핀테크 기업의 결제시스템을 위한 플랫폼으로서 애플리케이션 프로그래밍 인터페이스의 개념이 도입된다. 핀테크 기업이 리플넷을 활용하여 일반 사용자들이 리플넷을 통해 거래할 수 있도록 하는 서비스라 할 수 있다. 물론 기업들도 사용할 수 있다. 앞에서 살펴본 엑스커런트나 엑스래피드가 온전한 블록체인으로 보기가 어려운 반면, 엑스비아는 탈중앙화 거래소를 이용해 온전한 블록체인 기술을 적용하여 고객들이 리플넷에 접속할 수 있게 한다. 즉 기업을 위한 결제시스템 플랫폼으로 이해하면 된다.

2019년 10월, 위의 3가지 솔루션이 통합되었지만 과거의 기사를 찾아보면 이러한 모델들이 있었다는 것을 쉽게 알 수 있다. 어찌 보면 간단하다. 송금 시 리플을 직접적으로 사용하는지 안 하는지에 따른 차이로 구분되었다는 것만 알면 된다. 지금 가장 중요하게 알아야 할 것은 엑스래피드이다. 이는 주문형 유동성(ODL), 리플 페이먼츠로 리플원장의 업그레이드를 통해 통합되었다.

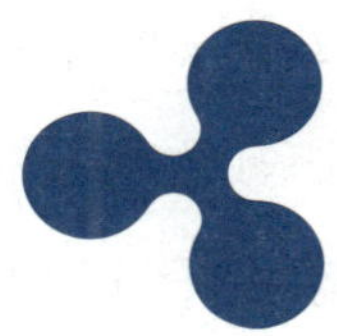

08
리플 에스크로의 진화와 구조적 선순환

에스크로(Escrow)란 전통적으로 거래 당사자 간의 불신을 해소하기 위해 제삼자가 미리 준비한 자산을 중립적으로 보관하고, 정해진 조건이 충족될 경우 이를 해제하여 지급하는 제도적 장치라 할 수 있다. 상거래에서는 주로 금융기관 혹은 플랫폼 기업이 그 역할을 담당해 왔으나, 리플원장(XRPL)의 세계에서는 그러한 제삼자의 자리를 블록체인 자체가 대신한다.

에스크로 물량의 탄생과 관리 구조

리플사의 총발행량은 1,000억 XRP로 정해져 있으며 이는 기술적으로 변경 불가한 고정 공급 구조를 가진다. 리플사는 2017년, 초기 공급량 중 약 55%에 해당하는 550억 개를 에스크로에 예치하여 매월 1일마다 10억 단위로 순차적 해제를 진행하도록 설계하였다. 이 중 판매되지 않은 물량은 다시 에스크로로 반환되어, 유통되는 리플의 양은 시장 수요와 금융기관의 매집 정도에 따라 탄력적으로 조절된다.

2025년 하반기 기준으로 약 350억 개의 에스크로 잔량이 남아 있다는 것은 제도 출범 이후 150억 개에 이르는 규모가 실제 금융기관에 판매·대여되어 유통 시장으로 이동했음을 방증한다. 또한 전체 네트워크 운용 과정에서 발생한 거래 수수료 소각분이 소수점 단위로 누적되어 약 1,300만 개의 리플이 영구 소각되었다는 사실은 리플이 살아 있는 결제 네트워크로서 실사용을 견인하고 있음을 시사한다.

시장 일각에서는 매월 반복적으로 풀려나오는 에스크로 물량이 과잉 공급을 유발하여 가격 하방의 압력으로 작용할 수 있다는 견해도 제기되어 왔다. 그러나 리플원장의 일일 거래량과 글로벌 유통량을 종합적으로 고려할 때, 에스크로 해제가 직접적 가격 변수로 작용한다고 단정하기는 어렵다. 전 리플 개발자 맷 해밀턴이 "리플의 일일 거래량을 감안할 때, 에스크로 잔량 그 자체는 시장가격에 실질적 영향을 주지 못한다"고 언급한 것도 이와 같은 맥락에 해당한다.

블록체인 기반 조건부 계약으로서 에스크로

리플원장의 에스크로는 단순한 잠금장치의 수준을 넘어, 블록체인에 내장된 자동계약(스마트 계약) 시스템이라 정의할 수 있다. 에스크로 트랜잭션은 크게 생성(EscrowCreate), 조건부 해제(EscrowFinish), 그리고 만료 후 반환(EscrowCancel)이라는 세 가지 기초 유형으로 구분된다. 이를 통해 단순 자산 보관뿐 아니라, 시간제한 조건(timelock), 암호검증 조건(hashlock)을 설정함으로써 자동화되고 신뢰 없는 조건부 지급을 완성한다.

이 구조는 투자자의 베스팅(Vesting), 조건부 에어드롭, 무역 거래 결제, 증권형 토큰의 동시교환(DvP) 등 복잡한 금융 절차에까지 응용될 수 있으며, 결국 '제삼자의 통제 없이도 작동하는 전지구적 계약 엔진'으로 기능하는 것이다.

리플에서 전 자산으로 : XLS-85의 확장성

초기의 리플원장 에스크로는 리플에만 국한되었으나, XLS-85 개정안의 통과는 이 한계를 획기적으로 넘어섰다. 이제 에스크로는 IOU 기반 토큰(현실자산과 연동된 발행형 자산)과 MPT(Multi-Purpose Token, 다목적 토큰)까지 포괄한다. 이는 곧 법정화폐 스테이블코인, 금·주식 등 증권형 토큰, 더 나아가 게임 아이템 혹은 서비스권과 같은 디지털 자산 전반에 자동화된 조건 계약을 부여할 수 있다는 의미이다.

그 결과 리플원장 생태계는 단순한 토큰 락업 플랫폼을 넘어 금융, 무역, 증권, 게임 등 다양한 글로벌 자산의 합리적 결제·교환 엔진으로 기능하게 되었다. 이는 곧 리플넷(RippleNet)을 중심으로 한 차세대 국제금융망에서 리플원장이 '스위프트 2.0'으로 자리매김할 수 있는 기술적 토대를 제공한다.

에스크로 물량과 선순환 구조

에스크로 물량의 전략적 의미는 단지 잠긴 공급량을 방출하는 행위에 국한되지 않는다. 에스크로에서 순차적으로 해제되는 리플은 단기 투기자금으로 흘러들기보다는, 주로 기관·금융시장 플레이어들에게 장기적 결제 인프라의 연료로 공급되는 경향을 보인다. 또한 판매되지 않은 물량이 재차 에스크로로 환원됨으로써, 시장은 공급과잉에 따른 충격을 최소화하고 '필요한 시점에 필요한 곳으로만 유동성을 배분하는 구조적 쿠션'을 형성한다.

이러한 선순환적 구조는 공급 안정성을 담보하고, 동시에 리플원장이 차세대 글로벌 금융망으로 자리잡는 데 필수적인 예측 가능성을 제공한다. 기관투자자, 정부, 초국가적 경제블록(예: BRICS) 등이 리플원장 기반 에스크로를 실제 정책·무역결제에 활용하는 담론이 확산되는 것도 바로 이러한 구조적 장치에서 기인한다. 브릭스가 공식 문건에서 명시했듯, 블록체인 기반 스마트 계약을 통한 위험완화(de-risking) 및 탈달러화(de-dollarization) 기조에 있어 리플원장의 에스크로가 핵심 역할을 할 수 있다는 전망은 단순한 가설이 아닌, 점차 실질적 금융정책 수준의 논의로 진전되고 있다.

종합적 고찰

따라서 리플의 에스크로는 더 이상 단순히 '잠금된 물량'이라는 단어로 축소될 수 없다. 그것은 블록체인이 제공하는 신뢰 없는 계약 수행의 핵심 모듈이며, 리플에서 시작해 IOU·MPT 및 다양한 자산군으로 확장되는 범용 계약 프로토콜이다. 또한 제한된 발행량 구조와 매월 반복되는 해제·재예치를 통해 공급 안정성과 수요 기반 분배를 동시에 보장하는 선순환적 장치이다.

요컨대 리플원장의 에스크로 시스템은 "조건 기반 자동 계약"과 "글로벌 공급조절 메커니즘"이라는 두 축의 결합으로 정의된다. 이는 단순한 암호자산의 통화정책을 넘어 다가올 국제금융 질서의 핵심 기반 기술로 기능할 수 있다는 점에서, 리플의 숨겨진 경쟁력이자 장기적 가치의 근원이라 평가할 수 있다.

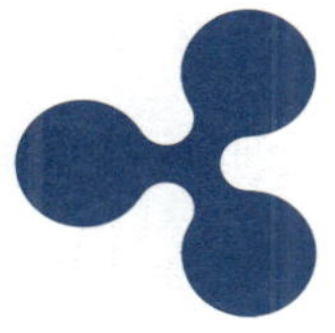

09
금융 엘리트가 주목하는 결제 혁신의 중심

미국 연방준비제도를 필두로, 국제결제은행, 국제통화기금, 세계은행, 금융안정위원회, 결제시장인프라위원회, 국제금융협회, 바젤위원회 및 미국 패스터 페이먼츠 카운슬(Faster Payments Council, FPC) 등 글로벌 금융 엘리트 집단은 최근 국경을 넘는 결제 및 지급결제 시장의 구조 변혁을 모색하는 과정에서 리플과 스텔라루멘에 각별한 관심을 기울이고 있다. 한때 실험적 수단에 불과했던 블록체인 결제시스템이 오늘날 국제 정책 네트워크, 실물 금융 인프라의 혁신적 대안으로 부상한 현상은 실로 의미심장하다.

연준 및 글로벌 기구의 공식적 인정과 리플의 입지

2025년 7월, 미국 애틀랜타 연방준비은행은 공식 연구 보고서를 통해 리플을 '글로벌 결제 도구이자 도매형(Wholesale) 결제용 디지털 자산'으로 명시하였다. 해당 보고서는 BIS의 프로젝트, Web3 금융 기술이 세계 결제시스템에 미칠 파급 효과를 비중 있게 다루었으며, 리플과 스텔라루멘을 대표 결제·송금 혁신 기업으로 지목하였다. 이 보고서는 리플의 3초 내외 결제 시간, 0.0002달러 수준의 초저가 수수료, 실시간 국제 송금 등의 기술 장점을 구체적으로 평가하며, "국제 결제 매개체, 도매 결제용 스테이블코인 후보"로서 미래의 가능성을 강조하였다.

이러한 주목은 연준만의 단독 견해가 아니다. BIS는 최근 보고서에서 리플, 스텔라루멘, 그리고 비트코인 라이트닝 네트워크를 동시에 언급하며, 특히 리플을 유동성 공급 구조, ISO 20022 국제금융메시지 표준과의 연동, 투명한 거버넌스, 높은 민간 운영 가능성을 갖춘 결제 네트워크로 평가했다. IMF 또한 2020년 글로벌 DLT 인프라 평가서에서 리플을 1호 플랫폼으로 명시하며, 정책 자문 기구 내 실제 리플 임원을 공식적으로 위촉해 미래 결제 인프라 설계에 직접 참조하였다.

ISO 20022의 공식 사이트에는 리플의 인터레저 프로토콜 (ILP)이 정식으로 등재되어 있고, 이는 스위프트 등 기존 메시지/결제망과 블록체인의 완전한 상호 운용성 보장이라는 정책적 이정표로 기능한다. 영란은행, 일본은행, 사우디아라비아 중앙은행 등은 리플 네트워크를 활용한 도매·소매 결제 및 중앙은행 디지털화폐(CBDC) 프로젝트에서 리플 생태계를 실제 테스트베드로 삼아왔다. 국제금융협회 및 BIS의 공식 서신, 논문에서는 리플의 '국제 송금 매개자', '브릿지 자산'으로서의 역할이 반복적으로 강조되며, 기존 스위프트 대비 혁신적 효율·비용 절감 효과가 객관적으로 검증되고 있다.

결제 인프라 표준화와 글로벌 정책 협력의 흐름

중앙은행, 주요 상업은행, 핀테크·결제 인프라 기업들은 프날리티(Fnality), FNA 등 글로벌 DLT 결제망 시범사업에서 리플의 인터레저 프로토콜을 '유동성 최적화 및 네트워크 확장성'의 핵심 기술로 평가하였다. 국제금융의 공식 정책 리포트, WEF 파트너사 문서, 실제 중앙은행 컨퍼런스에서 리플 네트워크와 리플, RLUSD 등 디지털 결제 혁신 사례가 주요 의제에 오르고 있다. 미국 연준은 패스터 페이먼츠 태스크 포스(Faster Payments Task Force), CBDC 백서 의견수렴 절차 등 공식 경로를 통해 민간 제안을 폭넓게 수용하며, 실제로 리플사 대표가 연준 결제시스템 설계 자문위원으로 참여하여 다수의 기술 제안이 공식 검토된 바 있다.

2022년 연준의 CBDC 백서 의견수렴 과정에서 리플 및 리플넷 기반 결제시스템에 대한 다수의 긍정적 평가가 공공 문서에 수록되며, 디지털 결제 인프라 혁신안으로써 실질적 지도자 역할을 한다는 것이 확인된다.

미래 결제시스템을 향한 '디지털 다이아몬드'의 부상

이처럼 국제결제은행, 국제통화기금, 세계은행, 금융안정위원회, 결제시장인프라위원회, 국제금융협회, 바젤위원회, 연준 등 금융 인프라 엘리트 네트워크는 국경을 초월한 결제 혁신의 주체로서 리플, 스텔라루멘에 공식적인 입지를 부여하고 있다. 블록체인과 분산원장, ISO 20022 기반 메시지 표준과의 연계, 디지털 자산의 글로벌 유동성 공급 구조 경쟁에서 리플의 역할은 갈수록 명확해지고 있다. 이는 단순한 민간 기술 솔루션을 넘어 '글로벌 금융 인프라의 제도권 혁신'이라는 차원에서 재해석될 수 있다.

시장 변동과 금융규제의 흐름에 능동적으로 대응하며, 실제 1,700개 이상의 은행 및 금융기관과 실질 계약을 맺은 리플은, 국제 결제망의 필수적 브릿지 자산이자 시대를 관통하는 디지털 다이아몬드로 그 내재가치가 더욱 부각된다. 세계를 아우르는 금융 엘리트 네트워크, 글로벌 중앙은행, 주요 기관들이 국경을 넘는 결제시스템의 혁신을 모색하며, 리플을 공식적으로 인정하는 이 변화의 흐름에 우리 또한 주목해야 할 것이다.

신(新)금융 인프라의 문이 열리고 있다. 우리는 리플과 기술·정책적 혁신을 고민하는 담대한 흐름을 정확히 포착할 때, 진정한 부와 시대에 앞선 통찰을 얻게 될 것이다.

미국 증권거래위원회 vs 리플랩스 법적공방의 비밀

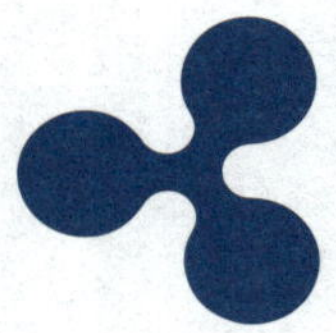

01
리플의 소송: 말도 안 되는 전개

2020년 12월 전 미국 증권거래위원회(SEC) 위원장 제이 클레이튼이 리플을 13억 달러의 미등록 증권 판매 혐의로 기소했다. 즉, 리플랩스가 소송으로 연루된 지 벌써 3년 6개월이라는 시간이 흐른 것이다. 그뿐만 아니라 2018년 전고점 이후 가격 눌림은 벌써 6년이라는 시간이 흘렀다. 이러니 리플 투자자 입에서는 곡소리가 나올 수밖에 없다. 나는 리플랩스의 소송이 세력들이 만든 하나의 자작극이라고 보고 있다. 이는 미국 증권거래위원회 위원장의 움직임과 태세 전환 모습만 보더라도 느낄 수 있다.

우선 리플을 실질적으로 기소했던 제이 클레이튼의 움직임을 살펴보자. 제이 클레이튼은 미국 증권거래위원회에서 3

년 6개월 동안 재직 후 2020년 12월 23일에 사임했다. 그는 미국 증권거래위원회의 위원장 자리를 맡으며 암호화폐 시장의 '저승사자'라고 불렸던 인물이다. 그의 임기 중에는 대부분의 메이저 코인이 증권으로 간주되었다. 하지만 그가 미국 증권거래위원회 위원장 자리를 떠난 뒤에는 갑자기 친암호화폐자로 돌변하였다. 실제로 '원 리버 자문위원회(One River Asset Management)'에서 고문 역할을 맡으며 친암호화폐주의자로 돌변하였다. 또한 리플을 기소한 그가 법원에 리플랩스에 대한 지지의견을 전달한 바 있다. 이건 말도 안 되는 일이다. 어떻게 본인이 미등록 증권 판매 혐의로 기소한 소송 건을 위원장 자리에서 내려와서는 입장을 바꿔 지지할 수 있단 말인가. 앞뒤의 상황이 전혀 맞지 않는 움직임으로 보인다.

또한 현재 미국 증권거래위원회 위원장을 맡고 있는 게리 겐슬러 역시 행동의 일관성이 없기는 마찬가지이다. 그는 2021년 1월 12일부터 조 바이든 대통령의 임명으로 미국 증권거래위원회의 위원장 자리를 역임하게 된다. 그가 암호화폐의 저승사자 역할을 이어받은 것이다. 하지만 게리 겐슬러가 미국 증권거래위원회의 위원장이 되기 전 모습과 언행으로 보았을 때 완전히 태도가 돌변한 것을 알 수 있다. 그는 미국의 금융기관인 골드만삭스에서 약 20년 정도 근무했고 2018년부터 미국

MIT 슬론 경영대학원에서 암호화폐에 대해 강의하는 교수였다. 그때 그는 다음과 같이 말했다. "나는 낙관론자로 블록체인 기술이 성공하기를 바란다. 그것은 본질적으로 금융시스템의 흐름에 관한 것이고, 금융시스템을 정말 강화할 수 있는 신기술이다." 그의 이 발언은 암호화폐에 대한 깊은 이해와 친화적인 성격을 보여준다. 즉 자리가 사람을 만든다는 말처럼 미국 증권거래위원회의 위원장 자리가 그 사람의 인식과 태도를 180도 바꿔버린다. 제이 클레이튼의 임기가 3년 6개월이었던 것을 생각했을 때, 게리 겐슬러의 임기 또한 얼마 남지 않았다고 본다. 어쩌면 미국의 대통령 선거를 기준으로 시간차를 두고 미국 증권거래위원회 위원장 자리 또한 바뀔 것이다. 리플을 투자하면서 소송은 그들이 만든 시나리오임을 반드시 기억하고 흔들리지 않아야 한다.

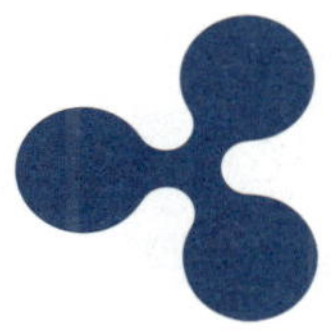

02
리플의 소송 마무리 : 불확실성 해소

2025년 8월 현재, 리플(Ripple)과 미국 증권거래위원회(SEC) 간의 장기 소송은 사실상 종결 국면에 접어들었다. 2025년 7월, 리플은 SEC의 항소를 공식적으로 철회하였고 양측은 법원이 부과한 벌금의 감액 및 일련의 법적 조정안에 합의함으로써 소송의 핵심 쟁점들이 실질적으로 정리되었다. 리플의 최고경영자 브래드 갈링하우스는 이번 합의를 두고 "우리가 기다려온 순간이 도래했다"라고 평가하며, 이번 결정이 리플뿐만 아니라 암호화폐 업계 전반에 있어 중요한 전환점이자 승리임을 천명했다. 이로써 리플은 기관투자자 대상 판매를 제외한 일반투자자 및 시장 유통 측면에서 '증권에 해당하지 않는다'는 법적 해석에 사실상 명확성을 확보하게 되었다.

이번 합의가 신속히 도출된 배경에는 글로벌 결제 인프라와 메시지 표준의 구조적 전환이 중요한 역할을 한 것으로 평가된다. 2025년 7월 중순을 기점으로 주요 청산·결제 인프라들이 ISO 20022(해당 메시지의 MX 포맷) 채택 및 마이그레이션을 본격화·완료하면서, 결제 메시지의 표준화·데이터 표준 및 상호운용성이 크게 개선되었다. 이러한 변화는 스위프트(SWIFT)를 비롯한 전통적 결제망과 차세대 결제 네트워크(예: 패드나우, 리플넷 등) 간의 통합 가능성을 높였고, 실시간 결제 능력과 결제 데이터의 투명성을 확장함으로써 금융기관들의 디지털 자산·분산원장 기술 도입을 촉진했다. 특히 리플은 ISO 20022 표준을 적극적으로 수용·지원하는 블록체인 프로젝트 중 하나로 부각되었으며, 이 때문에 결제 네트워크와 은행·청산소 등 금융기관들 사이에서 상호운용성 테스트와 채택 논의가 급물살을 탔다.

결제 인프라의 표준화는 리플의 기술적 경쟁력을 제도권 금융과 연결시키는 촉매 역할을 하였고, 이는 소송 해소와 맞물

> **매입원가 평균법(Dollar cost averaging)**
>
> 목표로 하는 주식을 일정 기간 나누어 꾸준하게 매입함으로써 매입 평균 단가를 낮추는 투자 방법을 말한다. 특정 종목에 일정 금액만큼만 투자하도록 하는 적금식 투자 방법인데, 주가가 높을수록 주식 수를 줄이고 주가가 낮을수록 매입 주식 수를 많게 할 수 있다.

려 리플이 시장 참여자에게 제공할 수 있는 실무적 가치를 부각시키는 배경이 되었다. 결과적으로 이번 합의는 리플이 제도권 결제망 및 금융기관과의 협업에서 좀 더 유리한 지위를 확보할 수 있는 전기를 마련했다. 다만 법적 분쟁의 실질적 정리는 리플의 제도화 경로에 긍정적 신호를 보내는 한편, 규제 해석의 적용 범위, 기관투자자의 실제 유입 규모, 글로벌 지역별 규제 차이 등은 향후 관찰이 필요한 리스크 요인으로 남아있다. 따라서 시장 참여자와 기관들은 소송 종결의 의미를 환영하되, 리플의 상업적 확장과 제도권 내 통합이 실질적·지속적으로 진행되는지를 면밀히 모니터링해야 할 것이다.

브래드 갈링하우스 CEO 역시 올해 초 인터뷰에서 "미국 가상자산 규제 및 제도 환경, 그리고 ISO 20022 기반 글로벌 결제 패러다임 전환에 힘입어, 소송 종료와 함께 리플의 실질 가치가 빠른 속도로 반영될 것"임을 시사한 바 있다. 다만, 불확실성이 완전히 걷히지 않았던 과거에는 "최악의 경우 리플이 시장 랠리에서 소외될 수 있다"는 신중론도 병존했으나, 현재 시점에서는 소송 종결 컨센서스가 시장에 확산되어 리플 생태계의 전망이 한층 밝아졌다.

아울러, 미국 연준의 패드와이어·패드나우·칩스 등은 공식적으로 ISO 20022 완전 마이그레이션을 선언하며, 리플넷 통합 및 실시간 글로벌 결제 인프라와의 본격 연동을 가속화하고 있다. 전 세계 금융거래의 80% 이상이 해당 표준을 활용하는 시대로 접어들며, 리플을 비롯한 ISO 20022 호환 암호화폐는 글로벌 은행 인프라의 핵심 자산군으로 자리매김하고 있다.

현재(2025년 8월) 기준으로, 리플의 전고점(ATH)은 한화 약 4,950~5,000원 선에 위치하며, 소송의 불확실성 해소, 글로벌 결제 표준의 대전환, 미국 연준 시스템과 고도의 연동이라는 호재가 중장기 투자자에게 긍정적으로 작용할 전망이다. 그러므로 리플 투자의 관점에서는 과거와 마찬가지로 장기 안목과 달러 분할매수(DCA) 전략을 중심으로 포트폴리오를 구성하는 방안이 여전히 유효하다고 판단된다.

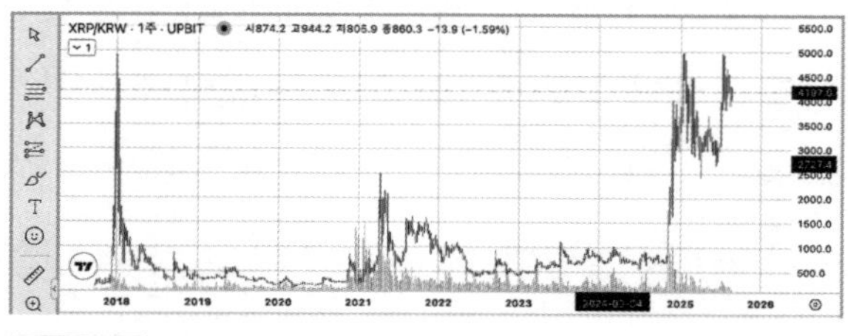

출시 이후 현재까지의 리플 차트(자료: 업비트)

03
소송 이후 전문가들이 예측하는 리플 가격

유명 암호화폐 애널리스트 캡틴 토브런(Captain Toblerone)은 2025년 비트코인 네 번째 반감기 전통 사이클에 진입하기 전, 리플이 최대 1,500%에 이르는 랠리를 기록할 가능성을 언급한 바 있다. 제이크 가가인(Jake Gagain) 역시 리플의 단기 목표가를 5달러로 제시하며, 2025년 암호화폐시장이 강세장에 진입할 것이라는 긍정적인 전망을 내놓았다. 그는 비트코인, 이더리움, 리플, 솔라나, 에이다를 밝은 미래가 기대되는 대표 종목으로 꼽았다.

암호화폐 기업 창립자 닉(Nick) 또한 이번 사이클 종료 시점까지 리플의 목표가를 10달러로 상정했고, 주요 전문매체들과 분석사들 역시 2025년 하반기 리플의 10달러 도전 또는 20달러 돌파 등 다양한 고점 예측을 쏟아내고 있다. 아울러 더 크립토 베이직(The Crypto Basic)에 따르면, 리플의 전 글로벌 인재 확보 부문 임원 숀 맥브라이드(Sean McBride)는 "2025년 안에 리플 현물 상장지수펀드(ETF)가 승인될 수 있고, 미국 외 지역에서 리플의 IPO(기업공개)가 이뤄질 수도 있다"고 전망했다. 실제로 2025년 8월 기준, 미국 증권거래위원회는 리플을 비롯한 주요 암호화폐 ETF 관련 규정 개정과 심사 프로세스 개편에 돌입한 상태이며, 복수의 ETF 심사 승인 가능성에 시장의 관심이 집중되고 있다.

> **기업공개(IPO, Initial Public Offering)**
>
> 기업 설립 후 처음으로 외부 투자자에게 주식을 공개하고, 이를 매도하는 것을 말한다. 주식을 공개하는 방법으로 회사의 주식을 주식 시장에 상장하는 방법이 있다. 상장된 후 주가가 높아지면 추가로 주식을 발행하여 자금을 조달할 수 있다. 이것이 기업공개의 목적이다.

리플의 기업공개(IPO) 이슈와 관련해서는, 2025년 내 공식적인 상장 일정은 없으나, 업계 및 시장 분석가들은 법적 불확실성 해소 및 투자 환경 개선에 따라 2025년 말~2026년 중 IPO가 충분히 이루어질 가능성이 있다고 내다보고 있다. 리플사의 브레드 갈링하우스 CEO, 모니카 롱 사장 등 경영진도 자사주 대규모 매입, 프라임 브로커리지 히든로드(12.5억 달러 규모) 및 커스터디 기업 메타코(2.5억 달러 규모) 인수 등 IPO에 맞춘 사전 재무 전략과 글로벌 IR 인재 영입 행보를 이어오고 있다.

리플의 자금력 역시 암호화폐 업계에서 가장 견고한 수준에 도달해 있다. 공식 자료에 따르면 2025년 6월 현재 리플의 기업가치는 약 1,000억 달러로 평가되며, 시드 단계부터 세계 유수의 투자자들이 참여했다. 주요 투자자로는 디지털 커런시 그룹(DCG), 시카고거래소그룹(CME Ventures), 산탄데르 그룹(Santander), 스탠다드차타드, 액센츄어 벤처스, 구글 벤처스(GV), 에스비아이 그룹, 씨게이트 테크놀로지(Seagate), RRE 벤처스, 앤드리슨 호로위츠(a16z), 태국시암은행 벤처스(SCB Digital Ventures) 등이 포진해 있다. 이런 세계적 기관 자본은 리플의 성장 잠재력과 안정성을 뒷받침한다.

한편, 2025년 리플 가격은 지속적으로 변동을 겪고 있지만, 기관 투자 확대, ETF 승인 기대, ISO 20022 글로벌 결제 인프라로의 전환, 법적 불확실성 해소와 같은 여러 주요 동력이 맞물리며 강한 반등 모멘텀을 이어가고 있다. 실제로 최근 가격은 3,500~3,600원대에서 안정적으로 유지되고 있으며, 중장기적으로 5~10달러 돌파에 대한 기대감이 투자자와 애널리스트 모두에게 공유되고 있다.

결론적으로, 리플은 자금력·기관투자자 네트워크·기술 혁신·글로벌 파트너십·제도권 편입 등 다섯 가지 핵심 성장 동력을 바탕으로, 2025년 새로운 도약의 시기를 맞이할 것으로 보인다. IPO 및 ETF 승인 등 주요 이벤트와 잠재력을 고려하면, 리플은 여전히 중장기 성장 잠재력이 매우 높은 암호화폐로 평가된다.

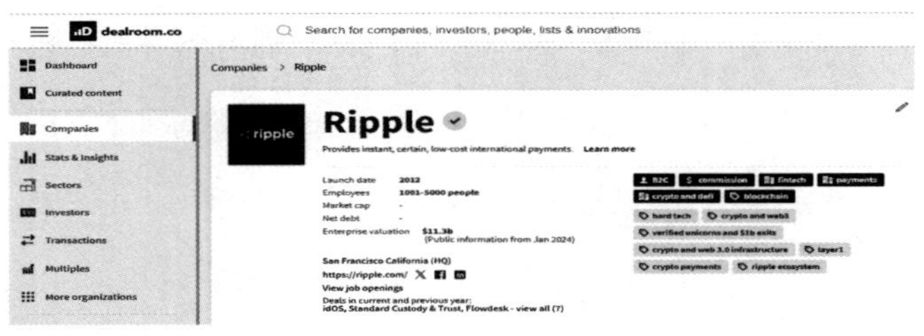

딜룸에 공개된 리플의 자료(자료: app.dealroom.co/companies/ripple)

04
리플랩스의 커스터디 업체 인수

커스터디(custody)는 투자자가 자산을 신뢰받는 제삼자에게 보관·관리를 위임하는 서비스로, 금융시장에서 유가증권과 같은 자산에 대한 안전한 보관, 결제, 권리 행사를 대행해 주는 업무를 의미한다. 커스터디 업체는 투자자의 대리인으로서 보관, 수취, 결제, 의결권 행사 등 다양한 서비스를 제공하며, 보안·안정성·규정 준수 환경을 갖춘다. 이러한 서비스 개념은 최근 디지털 자산(암호화폐) 시장에도 적용되고 있는데, 이를 '디지털 자산 커스터디(수탁)'라 한다. 지금은 디지털 자산 가치가 커지면서 해킹·사기 등 리스크가 증가해 제도권 내 커스터디의 중요성이 더욱 부각되고 있다.

디지털 자산 커스터디 업체는

- 고객 자산의 안전한 보관

- 해킹·도난 방지를 위한 첨단 보안 관리

- 거래 지원

- 자산 평가 및 실시간 정보 제공

- 규제 준수 등

다양한 서비스를 제공한다. 주요 거래소나 금융기관, 규제당국이 인증한 곳에서 이용하는 것이 최우선이다. 나는 2025년 들어 디지털 자산 보유자는 닥사(DAXA, 디지털자산거래소 공동협의체) 소속 거래소의 안전 시스템을 활용할 것을 권한다.

2025년 현재, 리플사는 커스터디 분야에서 가장 공격적인 행보를 이어가고 있다. 2023년 5월 약 2억 5,000만 달러(한화 약 3,300억 원)에 스위스 최대 디지털 자산 커스터디 업체인 메타코(Metaco)를 인수해, 글로벌 금융기관 대상 대규모 기관 커스터디 서비스 시장에 직접 진입했다. 2024년 2월에는 폴리사인(Polysign)의 자회사이자 뉴욕주 비트라이선스 라이선스를 보유한 미국 스탠다드 커스터디(Standard Custody & Trust)를 인수하여, 이미 40개 이상의 주·연방 허가 송금 라이선스를 취득하고, 미국 내에서 제도권 금융업을 전개할 기반을 닦았다. 메타코의 고객에는 씨티(Citi), BNP파리바, 소시에테제네랄, DBS, BBVA, DZ뱅크, 스탠다드차타드 자회사 조디아, 필리핀 유니온은행, 디지털 은행 시그넘 등이 포함된다. 이는 리플과 기존 글로벌 금융망이 점점 긴밀하게 연결되고 있음을 시사한다.

Silicon Valley meets Wall Street

PolySign's unique crypto-fintech team brings together luminaries in digital assets and technology, with proven leadership from financial services.

Jack McDonald
CEO

Previously CEO of Conifer Financial Services; grew AUA from $5B to $125B. Former UBS executive. Inducted into Global Custodian's "Legends of The Industry."

Tim Keaney
Vice Chairman

Retired Vice Chairman of BNY Mellon, Head of Asset Processing & Global Markets. Led organization of 25,000 people responsible for custodying 25% of global institutional assets.

David Schwartz
Board Member, Advisor

CTO and Chief Cryptographer at Ripple Labs. Co-designer of the XRP Ledger. One of the foremost civilian cryptographers in the United States.

Arthur Britto
Founder, President

Co-founder of Ripple Labs and co-designer of XRP Ledger. Ripple has grown to over $30B in assets in just 5 years.

폴리사인의 최고 경영자 잭 맥도널드와
리플의 공동창립자 아서 브리또(자료: polysign.io)

2025년 7월, 리플은 직접 미국 통화감독청(OCC)에 '은행업 인가'를 공식 신청했다. 동시에 스탠다드 커스터디를 통해 연방 준비제도 마스터 계좌까지 신청해, 연준의 Fedwire, National Settlement Service 등 주요 결제망에 직접 접근, 스테이블코인 RLUSD의 준비금도 연준 계좌에서 직접 운용할 수 있는 기반을 추진하고 있다. 이는 지금까지 암호화폐 기업이 시도하지 못했던 전통 금융과의 실질적 결합을 표방한다. 실제로 폴리사인의 창립진 및 경영진에는 리플의 공동창립자이자 CTO인 아서 브리또(Arthur Britto) 등 금융·블록체인 엘리트들이 다수 포진해 있다. 이 같은 배경을 고려하면, 장기적으로 리플 생태계와 전통 금융 인프라가 긴밀히 융합되는 시나리오가 이미 치밀하게 설계되고 있다는 시각도 합리적이다.

정리하자면, 리플사는 메타코와 스탠다드 커스터디라는 세계적 커스터디 기업 인수, 은행업 인가·연준 마스터 계좌 신청, 그리고 금융 엘리트가 포진한 폴리사인 등과의 인적 네트워크를 모두 구비함으로써, 디지털 자산과 전통 금융 인프라의 경계를 획기적으로 허무는 '시대의 금융 시나리오'를 실제로 실행 중이다. 이는 리플 투자자와 업계 전체에도 금융혁신의 새로운 패러다임이 다가오고 있음을 강하게 시사한다.

리플랩스가 인수한 메타코는 이미 전 세계의 금융 세력과
파트너십 관계를 맺고 있다. (자료: x.com/metaco_sa)

리플의
초기 디자인

01
코인 투자 길라잡이

우리가 암호화폐 투자를 잘하기 위해서는 소위 말하는 김치코인에 투자하기보다는 시가총액 순위 상단에 위치한 메이저 코인들에 집중할 필요가 있다. 시가총액이 높다는 것은 그만큼 기관들의 자금이 들어와 있다는 것이고, 미래 디지털 생태계 속 역할과 유틸리티가 어느 정도 정해져 있다는 것을 의미한다. 그 부분에서 우리가 반드시 인지해야 하는 두 가지의 기관을 소개하겠다.

첫 번째는 디지털커런시그룹(DCG)이다. 아마 많은 미디어와 유튜브를 통해 디지털커런시그룹 관계도를 접해 보았을 것이다. 디지털커런시그룹은 미국 나스닥이 지분을 소유하고 있으

며 마스터카드사가 지분의 50%를 가지고 있다. 또한 그 마스터
카드의 펀드자금은 미국의 금융 세력 웰스파고(Wells Fargo), 필
리핀 최대 은행 유니온뱅크, 영국의 최대 은행 HSBC은행, 그
리고 미국의 금융 세력 씨티은행이 관련되어 있다. 사실 디지털
커런시그룹의 대주주와 어떤 자본이 들어와 있는지만 보더라
도 반드시 우리가 지켜봐야 하는 중심 세력이라고 볼 수 있다.

또한 디지털커런시그룹은 거래소, 암호화폐 신탁사, 블록체
인회사, 금융기관, 언론사 등 다양한 사업체와 유착관계를 맺
고 있다. 특히 미국을 기반으로 한 세계 최대 암호화폐 신탁
사 그레이스케일, 미국의 최대 암호화폐 거래소 코인베이스
(Coinbase)를 소유하고 있다. 그 외에 크라켄(Kraken), 비트고
(Bitgo), 비트플라이어(Bitflyer) 등 다양한 거래소를 소유하고 투
자를 유치하고 있다. 또한 내가 집중적으로 투자하고 탐색하고
있는 리플에 대한 지분 투자도 2015년 5월부터 깊숙이 집행했
었다.

그레이스케일에서 운용하는 '그레이스케일 디지털 라지캡
펀드(GDLC)'에 리스트업된 5가지의 토큰이 있다. 이는 우리의
암호화폐 투자에 있어서 중심축이 될 수 있는 기준이라고 봐

야 한다. 5가지 토큰은 바로 비트코인, 이더리움, 솔라나, 리플, 아발란체이다. 최근에 에이다가 이 펀드에서 제외되었다. 하지만 에이다의 펀더멘탈은 강력하기에 나는 투자를 계속 이어나간다. 이와 더불어 그레이스케일 디지털 라지캡 펀드에서 리플의 비중은 1.74%로 크지 않지만 미국 증권거래위원회와 소송이 마무리된다면 단일상품으로도 상장되어 많은 자금이 쏠릴 것으로 보고 있다.

Holdings

Number of Holdings: 5   As of 08/12/2024

NAME	ASSETS/SHARE	WEIGHT
BTC Bitcoin	0.00037589	73.23%
ETH Ethereum	0.00229076	20.07%
SOL Solana	0.00880986	4.19%
XRP XRP	1.06034971	1.99%
AVAX Avalanche	0.00750664	0.52%

그레이스케일 디지털 라지캡 펀드에서 보유하고 있는 5가지 토큰
(자료: www.grayscale.com/crypto-products/grayscale-digital-large-cap-fund)

여기서 또 한 가지 눈여겨볼 섹터가 있다. 미래 CBDC 세상에서 반드시 필요할 수밖에 없는 프라이버시 영역이다. 이는 영지식증명으로 해당 정보를 공개하지 않고 증명자 간의 상호 작용 없이 특정 정보의 소유를 증명할 수 있는 증명 구조이다. 이것의 원천기술은 지캐시가 보유하고 있는데, 지캐

시 또한 그레이스케일의 단일 포트폴리오 목록에 명시되어 있다. 지캐시는 포트폴리오 분산화 작업을 할 때 고려하기 좋은 토큰으로 판단된다.

두 번째는 기관 전용 암호화폐 커스터디 회사이자 엔드투엔드 크립토 인프라 공급업체인 백트(Bakkt)이다. 백트는 암호화폐를 소유 및 거래하고 로열티 포인트를 교환하기 위한 서비스형 소프트웨어와 애플리케이션 프로그래밍 인터페이스 플랫폼을 제공한다. 이 백트의 배후 세력을 보면 규모가 얼마나 거대한지, 기득권 세력들이 얼마나 응집되어 있는지 알 수 있다. 이를 설명하기 전에 전 세계를 대표하는 증권거래소를 알아야 한다.

각국을 대표하는 여러 증권거래소가 있다. 그중에서도 전 세계적으로 가장 영향력 있는 증권거래소는 뉴욕증권거래소(NYSE)이다.

순위	거래소	국가
1	뉴욕증권거래소	미국
2	나스닥	미국
3	도쿄증권거래소	일본
4	상하이증권거래소	중국

세계 증권거래소 순위

달러 시가총액 기준으로 세계에서 가장 큰 증권거래소인 뉴욕증권거래소를 소유하고 있는 한 거래소 그룹이 있다. 바로 인터컨티넨털 익스체인지(ICE, Intercontinental Exchange)이다. 인터컨티넨털 익스체인지는 2000년에 설립된 미국 회사로 글로벌 금융거래소와 청산소를 운영하고 모기지 기술, 데이터 및 상장 서비스를 제공한다. 또한 포춘 500, S&P 500, 러셀 1000에 상장되어 있고, 금융 및 상품 시장을 위한 거래소를 소유하고 있으며, 12개의 규제된 거래소와 시장을 운영하고 있다. 여기에는 미국, 캐나다 및 유럽의 런던ICE선물거래소, 유럽의 런던국제금융선물거래소(Liffe), 뉴욕증권거래소, 주식옵션거래소, OTC 에너지, 신용 및 주식 시장이 포함될 정도로 엄청난 규모의 거래소 그룹이 있다.

이 거래소에서 50%가 넘는 지분을 소유하여 설립한 기관 전용 암호화폐 거래 플랫폼이 바로 백트이다. 백트는 소프트웨어 플랫폼을 구축하기 위해 인터컨티넨털 익스체인지 자금 유치 외에도 거대 기관들과 함께 소프트웨어 플랫폼을 만들고 있다. 실례로 3대 경영 컨설팅펌 중 하나인 보스턴컨설팅그룹(BCG), 마이크로소프트, 스타벅스 등이 함께 협력하고 있다. 백트와 유착관계를 가진 기관들만 보더라도 우리는 반드

시 해당 플랫폼에 인덱스(Index) 지표로 활용되는 토큰에 집
중할 필요가 있다.

상장된 토큰 목록으로는 비트코인, 이더리움, 비트코인캐
시, 라이트코인 이더리움 클래식, 도지코인 시바이누, 스테이
블코인(USDC) 등이 있다. 사람들 대부분은 도지코인과 시바
이누를 밈코인(Meme Coin)이라고 생각하지만 백트에 등재된
토큰 목록을 보면 이제 더 이상 밈코인으로만 간주해서는 안
될 토큰이라 판단된다. 나는 머지않은 시점에 스타벅스에서
커피를 구매할 때, 백트에서 지원하는 코인들로 결제가 가능
해질 것이라고 생각한다. 2024년 상반기에 백트가 뉴욕증권
거래소에 상장 폐지될 수 있다는 미디어 기사들이 떠돌았다.
나는 백트의 대주주와 함께 협력하는 기관들을 본다면 이는
하나의 찌라시에 불과하다고 생각한다.

Which assets does Bakkt Custody support?

Today, Bakkt Custody supports Bitcoin (BTC), Ethereum (ETH), Dogecoin (DOGE),
Bitcoin Cash (BCH), Shiba Inu (SHIB), Litecoin (LTC), and USD Coin (USDC). Bakkt
maintains a Listing Policy that has been authorized by the New York Department of
Financial Services and will continue to consider additional coin options that adhere
to the Listing Policy to meet our clients' needs.

백트가 지원하는 코인(자료: bakkt.com/crypto-custody)

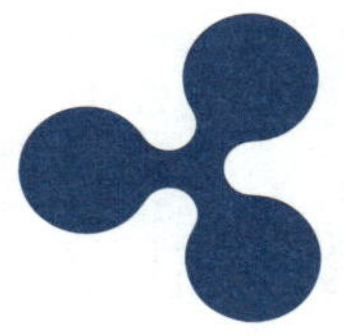

02
미디어에 속지 말 것

우리는 뉴스와 기사를 통해 세상이 어떻게 돌아가는지 관심을 갖고 주위를 살피게 된다. 여기서 우리가 중요하게 인지해야 하는 것은 보이는 것이 전부가 아니라는 것과 매체도 기득권 세력의 선전도구로 활용된다는 것이다. 실제로 미디어와 언론 매체를 통해 전달되는 정보들은 실제 사례의 극히 일부에 불과하다. 더욱이 사실이 아닌 경우 또한 비일비재하다. 예를 하나 들겠다.

투자의 귀재라고 불리는 한 인물이 있다. 아마 투자에 관심이 없는 사람들도 워런 버핏은 들어봤을 것이다. 그는 투자목적 지주회사 버크셔 해서웨이의 주인장이자 미국의 대형 금융

마피아라고 불리는 뱅크오브 아메리카의 대주주이며 신용카드와 여행자수표를 다루는 다국적 금융 서비스 기업인 아메리칸 익스프레스도 갖고 있다. 그는 2018년에 비트코인은 쓰레기라고 언급하며 암호화폐에 대한 투자는 나쁜 결말을 가져올 것이라고 말했었다. 그런 영향력 있는 인물이 암호화폐에 관해 부정적인 프레임을 갖고 있다는 기사가 나오면 우리 같은 개미 투자자들은 쉽게 영향을 받는다.

하지만 그가 과거에 했던 투자를 살펴보면 우리는 리플에 대한 확신을 더욱 더 가질 수 있다. 2021년 워런 버핏의 회사인 버크셔 해서웨이는 브라질 기반의 누홀딩스(Nu Holdings) 주식을 1억 7천7백만 주 매입하면서 총 7억 5천만 달러를 투자했다. 이 회사는 남미 최대 핀테크 은행인 누뱅크(Nu Bank)의 모회사이다. 버크셔 해서웨이는 2023년 11월 기준 누홀딩스 지분 36%를 가지고 있으며 누뱅크에도 병렬적으로 투자했다. 그 이후로 누홀딩스의 주식은 한 주도 팔지 않았다. 누뱅크의 주가는 투자 이후 106% 급등하여 2022년 2월에 10억 달러 이상의 가치로 최고치에 도달했다.

이러한 주가 상승으로 워런 버핏은 약 2억 5천만 달러의 이익을 얻을 수 있었다.

여기서 중요한 점은 브라질의 핀테크 은행인 누뱅크가 해외

송금을 위해 리플넷을 탑재하고 있다는 것이다. 워런 버핏이
이를 모르고 투자했을 확률은 현저히 낮다고 생각한다. 워런
버핏은 이미 세상을 설계하는 기득권 대열에 합류하고 있기 때
문에 리플넷에 대한 미래 가치를 인지하고 있었을 것이다. 또한
2019년 9조 달러 규모의 뱅가드 투자 방향성을 밝히는 포럼에
서도 자금의 연결줄이 버크셔 해서웨이와 뱅크오브아메리카
를 통해 리플로 이어져 직간접적인 투자가 이루어졌다. 어떤 투
자를 하든 기사만 보고 판단하기보다는 우리가 투자하는 회사
혹은 재단에 어떤 기관과 세력들의 자금줄이 들어와 있는지
면밀히 살펴볼 필요가 있다.

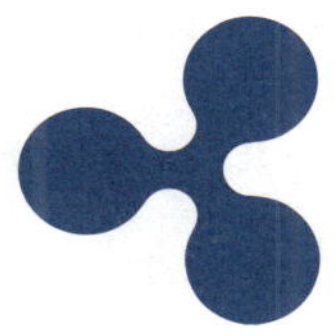

03
암호화폐 생태계가
동아시아 지역으로

미국 달러의 헤게모니 불씨가 점점 사그라드는 것과 함께 그들의 자금은 서쪽에서 동쪽으로 이동되고 있다. 러시아를 스위프트1.0 체제에서 배제시키면서 점점 브릭스 국가들의 통화 지배력이 거세지고 있다. 나는 이 또한 기득권들의 의도라고 보고 있다. 시간이 지남에 따라 국제통화기금에서 바라보는 것처럼 서방 국가의 경제성장률보다 중국, 러시아, 인도를 필두로 한 브릭스, 더 나아가 개발도상국들의 발전 속도가 점점 높아지고 있다. 브릭스 국가들의 공통점은 석탄, 석유, 천연가스와 같은 에너지가 풍부하고 인구가 지속적으로 늘어나고 있기에 내수시장이 강하다는 것이다.

현재 비트코인 현물 ETF는 미국에서만 승인된 상황이다. 이제 곧 홍콩에서도 비트코인 현물 ETF가 승인되면서 기관과 대중들의 암호화폐 투자에 대한 문호가 개방될 예정이다. 여기서 우리가 주목해야 할 국가는 홍콩과 싱가포르이다. 리플랩스는 미국 증권거래위원회에 법적 리스크를 안고 있기에 미국이 아닌 나라에서 사업을 계속 확장시키고 있다. 실례로 리플은 주요 결제기관 라이선스를 정식 취득함으로써 싱가포르에서 디지털 지불 토큰 서비스를 규제하에 계속 제공할 수 있게 됐다. 리플은 자사 비즈니스의 90% 이상을 미국 외 지역에서 진행하고 있으며, 싱가포르 및 아태 지역은 가장 빠르게 성장하는 시장에 속한다고 설명하고 있다. 또한 홍콩과 국가 단위로 파트너십을 맺으며 리플원장의 CBDC 플랫폼을 활용하고 있다. 더 나아가 부동산 토큰화 역시 홍콩은 리플을 채택하며 실물 자산 토큰화에 대한 미래지향적 비전을 펼치고 있다.

> **디지털 지불 토큰(DPT, Digital Payment Tokens)**
>
> 교환 매체로 사용되거나 사용될 의도가 있는 암호화된 디지털 가치 표현을 말한다.

　우리는 싱가포르와 홍콩을 위시한 동아시아 국가를 주목하면서 기관들의 채택이 가능한 암호화폐 창구가 있는지 확인해야 한다. 현재 미국뿐만 아니라 일본, 스위스, 영국, 독일, 프랑스, 네덜란드 등의 나라에서 싱가포르 쪽으로 자금을 연결시키고 있다. 다양한 증권과 비은행 자산을 토큰화하고 거래할 수 있는 안전한 기관 전용 장소인 아시아넥스트(AsiaNext)를 예로 들겠다. 해당 기관은 2021년 일본의 SBI그룹과 스위스의 식스 디지털 거래소(SDX, SIX Digital Exchange)가 함께 투자해서 만든 합작회사이다. 홈페이지에 나와 있는 것처럼 전 세계의 자금줄이 금융의 허브인 싱가포르로 연결되고 있다. 다음 두 디지털 은행을 예로 들어 증거 자료를 보충하겠다.

다양한 증권과 비은행 자산을 토큰화하고 거래할 수 있는
안전한 기관 전용 장소인 아시아넥스트(자료: www.asianext.com)

시그넘(Sygnum)

시그넘은 2017년 스위스와 싱가포르 유산을 기반으로 설립되어 최초의 디지털 자산 은행이 되었다. 그들의 임무는 모

든 사람이 어디서나 완전한 신뢰를 바탕으로 암호화폐를 소유할 수 있도록 지원하는 것이다. 기관들은 이러한 디지털 은행에서 합법적으로 암호화폐를 구매하고 매집한다. 그렇기에 해당 은행에 어떤 암호화폐들이 인덱스 지표로 상장되어 있는지 반드시 확인할 필요가 있다.

2024년 1월 기준 약 26개의 코인이 상장되어 있다. 리스트에 포함된 토큰으로는 비트코인, 이더리움, 리플, 비트코인캐시, 라이트코인, 체인링크, 유니스왑, 스테이블코인(USDC), 폴리곤, 컴파운드, 에이브, 코스모스, 테조스, 에이다, 다이, 솔라나, 폴카닷, 아발란체, 니어프로토콜, 인터넷컴퓨터, 신세틱스, 메이커, 커브, 1인치 네트워크, 스시스왑, 쿠사마이다.

여기에 공식 문서를 첨부해 두겠다.

싱가포르개발은행(DBS)

싱가포르개발은행은 싱가포르에 설립된 세계 최대 디지털은행이다. 마리나베이의 금융센터에 본사를 둔 싱가포르의 다국적 은행 및 금융서비스 기업이기도 하다. 디비에스(DBS) 은행 또는 과거 명칭으로 싱가포르개발은행(The Development Bank of Singapore Limited)으로 불린다. 싱가포르개발은행은 2003년 7월 21일 글로벌 은행으로서 역할을 반영하기 위해

< SYGNUM

Sygnum crypto offering overview

Valid from 01.02.2024

	Custody & Staking			Trading				Lombard Lending
	Trading wallet	Vault wallet	Staking	USD	EUR	CHF	SGD	Standard LTV*
BTC	✓	✓	–	✓	✓	✓	✓	60%
ETH	✓	✓	✓	✓	✓	✓	✓	50%
XRP	✓	✓	–	✓	✓	< Contact us	–	40%
BCH	✓	✓	–	✓	✓	✓	✓	40%
LTC	✓	✓	–	✓	✓	✓	✓	40%
LINK	✓	✓	–	✓	✓	✓	✓	40%
UNI	✓	✓	–	✓	✓	✓	✓	40%
USDC	✓	✓	–	✓	✓	✓	✓	80%
MATIC	✓	✓	Client specific	✓	✓	✓	✓	40%
COMP	✓	✓	–	✓	✓	✓	✓	25%
AAVE	✓	✓	–	✓	✓	✓	✓	25%
ATOM	✓	–	< Contact us	✓	✓	✓	✓	25%
XTZ	✓	–	< Contact us	✓	✓	✓	✓	40%
ADA	✓	–	< Contact us	✓	✓	✓	✓	40%
DAI	✓	✓	–	✓	< Contact us	–	–	80%
SOL	✓	–	–	✓	✓	✓	✓	20%
DOT	✓	–	–	✓	✓	✓	✓	25%
AVAX	✓	–	–	✓	✓	✓	✓	30%
NEAR	✓	–	–	< Contact us	< Contact us	–	–	20%
ICP	–	✓	< Contact us	< Contact us	< Contact us	–	–	10%
SHIB	✓	✓	–	✓	< Contact us	–	–	25%
MKR	✓	✓	–	< Contact us	< Contact us	–	–	25%
CRV	✓	✓	–	✓	< Contact us	–	–	25%
1INCH	✓	✓	–	< Contact us	< Contact us	–	–	25%
SUSHI	✓	✓	–	< Contact us	< Contact us	–	–	25%
KSM	✓	–	–	✓	✓	✓	✓	

✓ Sygnum digital asset banking, available via GUI and API
< Contact your Sygnum Relationship Manager; available during business hours, only for volumes >50k
Further tokens available upon request
*Loan-to-Value (LTV) may vary upon request
Client specific (only for volumes >50k)

싱가포르와 스위스의 유산을 기반으로 하는 시그넘에서 인덱스 자료로 활용하고 있는 코인 리스트. 해당 코인들은 어느 정도 기관의 채택을 받았다고 볼 수 있는 안정성이 검증된 코인들이다.(자료: www.sygnum.com/wp-contet/uploads/2024/03/Sygum-Crypto-Offer-Overview.pdf)

선정되었다. OCBC은행과 유나이티드 오버시즈 뱅크(UOB, United Overseas Bank Plaza)와 더불어 싱가포르의 3대 은행 중 하나이다. 싱가포르 거래소에 등재된 이 은행은 1968년 7월 16일 싱가포르 정부에 의해 설립되었다.

싱가포르개발은행의 최대 주주는 지아이씨 프라이빗 리미티드(GIC, The Government of Singapore Investment Corporation)에 이어 싱가포르에서 두 번째로 큰 국부 펀드인 테마섹 홀딩스

(Temasek Holdings)이다. 싱가포르의 대표적인 국부펀드인 테마섹(Temasek)은 1.3경 원 이상의 자금을 운용하는 세계 최대 자산운용사 블랙록의 대주주이기도 하다. 엄청난 자금줄이 연결된 싱가포르개발은행에 어떤 암호자산이 지원되는지 눈여겨볼 필요가 있다. 여기서는 단 6개의 토큰만 인덱스 지표로 활용되고 있는데, 라인업은 비트코인, 이더리움, 리플, 에이다, 폴카닷, 비트코인캐시이다.

여기서 우리가 주목할 부분은 시그넘과 싱가포르개발은행에 공통으로 상장된 토큰, 바로 비트코인, 이더리움, 리플, 에이다, 폴카닷, 비트코인캐시이다. 해당 토큰들은 이미 기관의 채택이 끝났다고 볼 수 있는 암호화폐다.

Cryptocurrency Prices

Bitcoin — Last updated at: 05-04-2024, 09:01am

CURRENCY	BID PRICE	OFFER PRICE
BTC/USD	68,176.70000	68,724.20000
BTC/SGD	91,767.10000	92,874.90000
BTC/HKD	532,653.00000	539,082.00000
BTC/JPY	10,293,817.00000	10,418,088.00000

Ethereum — Last updated at: 05-04-2024, 09:01am

CURRENCY	BID PRICE	OFFER PRICE
ETH/USD	3,310.00000	3,339.82000
ETH/SGD	4,457.01000	4,510.80000
ETH/HKD	25,872.83000	26,185.17000
ETH/JPY	500,062.09000	506,099.04000

ADA — Last updated at: 05-04-2024, 09:01am

CURRENCY	BID PRICE	OFFER PRICE
ADA/USD	N/A	N/A
ADA/SGD	N/A	N/A

XRP — Last updated at: 05-04-2024, 09:01am

CURRENCY	BID PRICE	OFFER PRICE
XRP/USD	0.59088	0.59915
XRP/SGD	0.79724	0.82880
XRP/HKD	4.60816	4.68258
XRP/JPY	89.10239	90.44516

Bitcoin Cash — Last updated at: 05-04-2024, 09:01am

CURRENCY	BID PRICE	OFFER PRICE
BCH/USD	663.68310	681.04052
BCH/SGD	893.10727	920.13420
BCH/HKD	5,182.33291	5,345.08566
BCH/JPY	100,158.08801	103,424.58353

DOT — Last updated at: 05-04-2024, 09:01am

CURRENCY	BID PRICE	OFFER PRICE
DOT/USD	8.00000	10.70000
DOT/SGD	N/A	N/A

DBS 디지털은행에서 인덱스 지표로 활용하고 있는 코인 리스트이다. 앞에서 언급한 시그넘과 동일하게 해당 은행에 명시되어 있다는 것은 기관의 채택이 끝났다는 것을 의미한다.(자료: www.dbs.com.sg/corporate/solutions/capital-markets/digital-payment-token?pk_source=123typed&pk_medium=direct&pk_campaign=bookmarked)

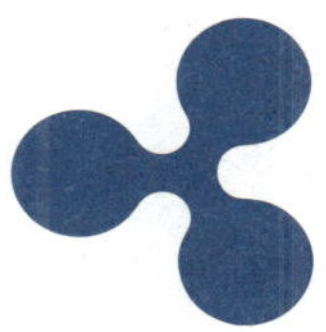

04
리플은 만 달러로 디자인 되었다

리플이 장기적으로 폭등해 1만 달러대 가격에 도달할 수 있다는, 이른바 '리플 가격 10,000달러 설'은 여전히 투자자들 사이에서 회자되는 논쟁적 화두이다. 이 가설은 미국의 PR 전문가 마크 필립스(Mark Phillips)가 2019년 2월 처음 제기한 것으로, 리플의 잠재적 가치와 역할, 그리고 주요 국가들의 경제적 선택을 연결해 해석한 점이 특징이다. 필립스의 논지는 리플의 공급 구조와 역할을 특정한 정책적 시나리오와 결합하면 장기적으로 매우 높은 가치에 도달할 수 있다는 것이다.

미국의 재정 상황과 예측의 차이는 한 시점에 미국의 국가 부채가 향후 일정 시점까지 증가할 것이라는 전제를 바탕으로 리플의 초고가 가능성을 제시했다. 그러나 현실의 거시지표는 예측과 다른 방향으로 전개되었는데, 특히 2020년대 초 발생한 코로나19 팬데믹은 연방정부와 연준의 대규모 재정·통화정책을 촉발하며 부채 규모를 예상보다 가파르게 늘리는 계기가 되었다. 이 사실은 장기적 거시 예측이 불확실성에 크게 의존함을 보여주며, 리플의 가격 경로를 단정하기 어렵게 만드는 요인으로 작용한다.

리플과 주요 국가의 이해관계

마크 필립스의 파격적인 시나리오 중 하나는, 미국 증권거래위원회(SEC)의 규제적 압박에도 불구하고 연방준비제도(Fed) 등 정책 당국이 리플을 국제준비통화 또는 결제 인프라의 전략적 자산으로 활용해 국가부채 문제를 완화할 수 있다는 가정이다. 이 주장은 극단적 가설에 해당하며 실현 가능성에 대해서는 학계·업계·규제기관 사이에 다양한 평가가 존재한다.

다만 투자자들이 주목하는 점은 현재 리플 보유 및 활용과 관련하여 미국과 일본이 중요한 플레이어로 자주 언급된다는 사실이다. 일본에서는 2016년 SBI그룹과 리플의 협력으로 SBI Ripple Asia가 출범하는 등 리플의 유통·활용을 촉진하려는 민관 협력 사례가 존재한다. 미국의 경우 리플이 본사를 두고 있고 SEC와 장기 소송 등 규제 리스크가 가격과 채택에 큰 영향을 미쳐왔다.

SEC 소송과 시장 영향

리플이 SEC와 벌여온 소송은 리플 가격과 제도권 채택에 중대한 제약 요인으로 작용해 왔다. 소송의 진행 상황과 판결문 해석은 기관투자자의 유입량, 거래소 상장 여부, 그리고 제도권 금융기관과의 협업 가능성에 직접적인 영향을 미친다. 따라서 소송의 결론과 규제적 불확실성 해소 여부는 리플의 상업적 확장과 가격 형성에 있어 핵심 변수가 된다.

가설의 평가와 남은 쟁점

마크 필립스의 이론은 파격적 상상력을 바탕으로 한 장기 시나리오로써 흥미를 끌지만, 그것이 실현되려면 법적·정책적·시장 구조적 제약이 모두 우호적으로 맞물려야 한다. 주요 쟁점으로는 (1)규제 당국의 수용 여부, (2)중앙은행 및 주요 금융기관의 전략적 선택, (3)리플의 기술적·운영상 성숙도, (4)글로벌 결제·준비통화 체계의 구조적 변화 등이 있다. 따라서 투자자와 정책 입안자는 이론적 가능성과 현실적 제약을 동시에 고려해 신중히 판단해야 한다.

리플의 공개적 비전 표명

리플원장(XRP Ledger) 관련 공식·공개 문서에서는 개발·운영 로드맵과 더불어 장기적 비전을 피력하는 문구가 확인된다. 예컨대 "We remain more committed than ever to the simple goal of making XRP the world's reserve digital currency."(우리는 XRP를 세계의 기축 디지털 통화로 만들겠다는 단순한 목표에 대해 그 어느 때보다 더 큰 의지를 유지하고 있다)라는 표현은 리플 측의 전략적 야망을 단적으로 보여준다. 다만 이러한 선언은 기술적·시장적 목표를 표명하는 것으로, 실제 정책화·제도화는 별개의 복잡한 과정이 필요하다.

결론을 요약하면, '리플 가격 10,000달러 설'은 흥미로운 장기 가설이지만 다수의 불확실성과 제약을 안고 있다. 리플과 주요 국가들의 관계, SEC 소송의 향방, 글로벌 결제 인프라의 표준화·수용 여부 등 다층적 요인들이 상호작용해 결과를 결정할 것이다. 따라서 해당 가설을 전적으로 신뢰하기보다는 정책·규제·시장·기술적 변수를 면밀히 관찰하면서 시나리오 기반의 리스크 관리 관점으로 접근하는 것이 바람직하다.

Ripple Consensus Ledger Can Sustain 1000 Transactions per Second
(자료: https://xrpl.org/blog/2017/ripple-consensus-ledger-can-sustain-1000-transactions-per-second)

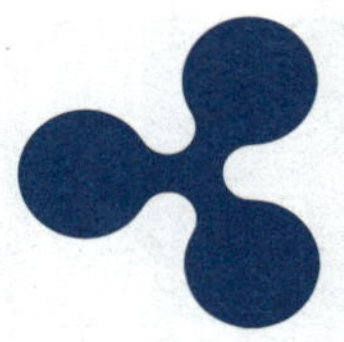

05
리플의 연례행사 스웰

리플사가 주관하는 연례행사 스웰(Swell)은 블록체인 업계에서 가장 영향력 있는 행사 중 하나로 자리 잡았다. 해마다 전 세계 주요 금융도시에서 개최되며, 정책 입안자, 기관투자자, 핀테크 업계 인사들이 모여 디지털 자산과 블록체인의 미래, 혁신적 결제 기술, 글로벌 협력 사례 등을 논의하는 장이 되고 있다.

2025년 스웰은 전 세계 금융의 중심지인 미국 뉴욕에서 11월 4~5일에 개최될 예정이다. 올해 행사에는 나스닥(Nasdaq) CEO 아데나 프리드먼(Adena Friedman)이 기조연설자로 공식 초청되었고, 블랙록, 씨티그룹, BNY 멜론 등 글로벌 금융사의 혁신 부문 책임자와 디지털 자산 총괄 등도 연사로 참여한다. 프리드먼 CEO는 전통 금융과 디지털 자산, 블록체인, 증권 토큰화 등 첨단 금융기술의 융합과 미래적 파급력을 주제로 연설할 계획이다. 이는 리플이 글로벌 금융 네트워크 및 규제 당국과 교류·협력의 중요성을 적극 부각시키는 전략과 맞물려 있다.

과거 스웰의 라인업만 봐도 리플의 네트워크와 영향력을 짐작할 수 있다. 2017년 캐나다 토론토에서 열린 첫 스웰 콘퍼런스에는 벤 버냉키(전 연준 의장)와 월드와이드웹(WWW) 창시자 팀 버너스 리 등이 기조연설자로 섰다. 2018년 샌프란시스코에서는 미국 제42대 대통령 빌 클린턴이 연단에 오르며 글로벌 소식통들의 이목을 집중시켰다. 2019년 싱가포르에서는 인도 중앙은행 전 총재 라구람 라잔이 참석했다. '가치의 이동'을 내세운 리플의 근본적 비전과 맞물려 이들이 초청하는 연사들은 항상 시대를 설계하는 인물들로 꼽힌다.

특기할 만한 점은, 리플의 스웰 콘퍼런스가 국제은행 간 통신 협정 스위프트의 연례 콘퍼런스인 시보스(Sibos)와 같은 시기에 일부러 맞춰 열린다는 사실이다. 이것으로 리플넷과 스위프트망의 기능적·정책적 연결성, 그리고 글로벌 가치 이동 인프라의 주도권에 대한 의지가 엿보인다.

2023년 두바이에서 진행된 스웰에서는 샌프란시스코의 결제 기업 로켓퓨얼(RocketFuel)과 파트너십이 공식 발표되고, 리플 페이먼츠(Ripple Payments)라는 새로운 이름 아래 주문형 유동성(ODL) 상품이 리브랜딩되어 B2B 결제와 기관용 글로벌 결제 솔루션으로 한 단계 성장하는 계기가 되었다. 이 밖에도 리플은 라틴 아메리카, 유럽, 아시아 시장에서 다양한 파트너십과 유통망 확대를 추구하며, 실질적 금융 혁신과 사용자 기반 확대를 실현해 왔다.

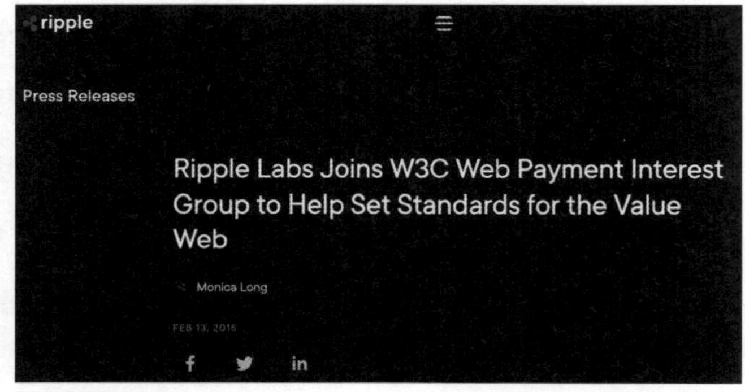

리플랩스와 월드와이드웹 컨소시엄이 파트너십을 맺으며 새로운 결제 표준을 정의했다. (자료: ripple.com/ripple-press/ripple-labs-joins-w3c-web-payment-interest-group-to-help- set-standards-for-the-value-web)

이처럼 리플 스웰의 라인업과 행보는 늘 시대의 흐름을 선도하는 인물과 의제, 그리고 금융 혁신의 접점을 곧장 반영하고 있다. 중앙은행, 국제기구, 글로벌 금융기관, 정책 당국이 움직이는 방향성과 리플의 비전이 맞닿아 있다는 점에서, 스웰은 투자자와 업계 관계자 모두가 장기적으로 주목해야 할 행사라 할 수 있다.

06
리플랩스의 심상치 않은 고위급 자문단

리플사의 임원진 가운데 특히 주목할 만한 인물들을 살펴보면, 이들이 왜 글로벌 금융 패러다임 전환의 선봉에 서 있는지 알 수 있다.

우선, 리플의 공동창업자이자 회장인 크리스 라슨(Chris Larsen)은 여전히 업계에서 강한 영향력을 행사하고 있다. 2012년 말, 그는 리플 소프트웨어를 직접 개발하며 리플사의 '가치의 인터넷(Internet of Value)' 비전을 현실화하는 데 핵심적인 역할을 맡았다. 이 비전은 세계 어디에서나 두 당사자 간에 즉각적이고 직접적으로 자금을 이체할 수 있는 글로벌 결제 네트워크 구축을 목표로 한다. 크리스 라슨은 자신을 "급진적인 소비자 옹호자"로 내세우며, 캘리포니아에서 금융 소비자의 프라이버시권 보호를 적극적으로 옹호해 왔다. 2001년에는 캘리포니아 프라이버시 연합을 공동 설립하는 등 사회적 영향력도 행사해 왔으며, 산업계 대표 행사인 시보스 등에서 연사로 활동해 왔고, 아메리칸 뱅커(American Banker) 등 저명한 금융 미디어에 칼럼을 게재해 산업적 담론을 이끌었다. 2018년 1월에는 포브스가 크리스 라슨의 자산 가치를 590억 달러로 추정해 한때 마크 저커버그를 제치고 전 세계 부자 순위 5위에 올랐던 이력도 갖고 있다.

크리스 라슨의 외부 자문 및 정책 활동 역시 주목할 만하다. 2017년 국제통화기금 총재였던 크리스틴 라가르드 재임 시절, 핀테크 관련 고위급 자문그룹에 전문가로 등재되었고, 세계경제포럼(WEF)이 〈미래의 금융 인프라(Future of Financial Infrastructure)〉라는 논문을 발간할 때 전문가 명단에 이름을 올렸다. 이 논문에는 크리스 라슨 외에도 두 명의 리플 고위 임원이 함께 등재되어 있다.

첫 번째 인물은 2021년 3월 리플에 합류한 마커스 트레쳐(Marcus Treacher)다. 그는 결제 및 거래시스템, 은행업 분야에서 30년 이상의 경력을 가진 베테랑으로, 영국 홍콩상하이은행에서 12년간 글로벌 리더십을 담당했다. 더불어 2010년부터 2016년까지 스위프트의 글로벌 보드 멤버로 활동하며 국제금융메시지 표준화와 결제 인프라 발전에 크게 기여했다. 최근에는 RLUSD와 같은 혁신적 스테이블코인의 도입과 국제 결제 네트워크 확대에 중요한 역할을 맡고 있다.

두 번째 인물은 인프라 혁신 글로벌 책임자인 딜립 라오(Dilip Rao)이다. 그는 30년 이상의 은행, 지급결제 기술 및 경영 컨설팅 경험을 바탕으로, 2014년부터 리플의 주요 인재로 합류해 글로벌 네트워크 인프라 혁신의 추진력을 불어넣고 있다. 2017년 12월까지 Ripple APAC 및 MENA 지역의 매니징 디렉터로서 리플의 글로벌 확장에 핵심적인 기여를 한 바 있으

리플의 회장 크리스 라슨은 국제통화기금의 핀테크 관련 고위급 자문그룹의 일원이었다. (자료: 국제통화기금)

며, 이후에도 플랫포머와 대형 금융기관, 정책 입안자와 전략적

협업을 이끌어 왔다.

Acknowledgements
List of subject matter experts

In addition, the project team expresses its gratitude to the following subject matter experts who contributed their valuable perspectives through interviews and workshops (in alphabetical order):

Name	Organization	Name	Organization
Meyer Aaron	Bank of Canada	James Colaco	Deloitte Canada
Mark Adams	Australian Securities and Investments Commission	Robert Cranmer	Deloitte Canada
Mark Adams	National Australia Bank	Neil Cross	DBS Bank
Keith Ajmani	TD Bank Group	Stephen Cross	Aon
Andrew Alexandratos	Australian Prudential Regulation Authority	Dame Damevski	inpay
Robleh Ali	Bank of England	Andrew Davis	Stone & Chalk
Jeremy Allaire	Circle	Shellie Davis	Commonwealth Treasury
Sarah Andrews	Thomson Reuters	Avery Dellheim	Circle
Angus Armour	Business Council of Australia	Thomas DeLuca	AMP Credit Technologies
Akhtar Badshah	Catalytic Innovators Group	Nigel Dobson	ANZ
Murad Baig	Deloitte LLP	Kirsten Dunlop	Suncorp Group
Steven Bardy	Australian Securities and Investments Commission	John Edge	Identity2020
Nick Beecroft	Lloyd's of London	Anna Ewing	Nasdaq
Adi Ben-Ari	Applied Blockchain	Scott Farrell	King & Wood Mallesons
Peter Berg	Visa	Usama Fayyad	Barclays
Michael Bodson	Depository Trust & Clearing Corporation	Daniel Feichtinger	Digital Asset Holdings
Sven Bossu	SWIFT	Karin Flinspach	Standard Chartered
Andre Boysen	SecureKey Technologies	Brian Forde	MIT Media Lab
Carolyn Burke	RBC	Mary Ann Francis	Wipro
Ross Burnett	Macquarie Group	Conan French	Institute of International Finance
Oliver Bussman	UBS	Steve Gallagher	Australian Prudential Regulation Authority
Claire Calmejane	Lloyds Banking Group	Emilio Garcia de la Sierra	Santander InnoVentures
Nick Caplan	Faster Payments	Nicholas Giurietto	Australian Digital Currency & Commerce Association
Alicia Carmona	Identity2020	Julian Gorman	GSMA
Michael Casey	MIT Media Lab	Udayan Goyal	Anthemis Group SA
Stephen Catchpole	Macquarie Group	Michael Gronager	Chainalysis
Javier Celaya	Banco Santander S.A.	Joe Guastella	Deloitte Consulting LLP
Matthew Chan	Depository Trust & Clearing Corporation	Aran Hamilton	Vantage
Christophe Chazot	HSBC Bank Plc	Aldila Hananto	Telstra
Ilsa Christ	Australian Transaction Reports and Analysis Centre	Anna Harper	SocietyOne
Lynne Cockerell	Reserve Bank of Australia	Adrienne Harris	Council of Economic Advisers

8

Acknowledgements
List of subject matter experts (cont.)

In addition, the project team expresses its gratitude to the following subject matter experts who contributed their valuable perspectives through interviews and workshops (in alphabetical order):

Name	Organization	Name	Organization
Oliver Harvey	Australian Securities and Investments Commission	Joanna Marathakis	Deloitte Transactions & Business Analytics LLP
Andrew Hauser	Bank of England	Blythe Masters	Digital Asset Holdings
Ian Hill	Westpac Group	Lukas May	Transferwise
Steven Holzer	Citi	Richard McCarthy	Perpetual Limited
Matt Hooper	Barclays	Mark McDonald	QIC
Chuck Hounsell	TD Bank Group	Todd McDonald	R3CEV
Gys Hyman	Deloitte Consulting LLP	Claire McFarland	Commonwealth Department of Industry, Innovation and Science
Raj Iyer	Bloomberg LP	Richard Miller	Deloitte Australia
Chetan Jain	Inspira Enterprise	John Moss	UBS
Kevin Johnson	SWIFT	Eddie Niestat	Novantas
Ashton Jones	Macquarie Group	Hanna Nilsson	Allianz
Eiichi Kashiwagi	Bank of Tokyo-Mitsubishi UFJ	Kevin Nixon	Deloitte Australia
Steffen Kern	European Securities and Markets Authority	Madan Oberei	INTERPOL
Andrew Keys	Consensys	Dan O'Prey	Digital Asset Holdings
Dan Kimerling	Silicon Valley Bank	Cheryl Parker Rose	Consumer Financial Protection Bureau
Philipp Kroemer	Commerzbank AG	Bharat Patel	Australian Securities and Investments Commission
Matthias Kroner	Fidor Bank AG	Jon Perkinson	Deloitte Australia
Ashwin Kumar	Deutsche Boerse	Guy Picone	Suncorp Group
Jo Lambert	Paypal	Eric Piscini	Deloitte Consulting LLP
Jo Lang	R3CEV	Rick Porter	Deloitte & Touche LLP
Chris Larsen	Ripple	Dan Quan	Consumer Financial Protection Bureau
Mikkel Larson	DBS Bank	Dilan Rajasingham	Commonwealth Bank
Matthew Leavenworth	Bank of America	Rhomaios Ram	Deutsche Bank
Ian Lee	Citi Ventures	Suresh Ramamurthi	CBW Bank
Leo Lipis	Lipis Advisors	Dilip Rao	Ripple
Joel Lipman	Deloitte Australia	Tara Richards	National Australia Bank
James Lloyd	EY	Alex Rinaldi	Deloitte Canada
Sharon Lu	Tyro FinTechHub	Alex Rozman	Deloitte & Touche LLP
Joseph Lubin	Consensys	Wiebe Ruttenberg	European Central Bank
Adam Ludwin	Chain	Joel Secmar	Daon
Christian Lundkvist	Consensys	Joy Savage	Deloitte Canada

9

Acknowledgements
List of subject matter experts (cont.)

In addition, the project team expresses its gratitude to the following subject matter experts who contributed their valuable perspectives through interviews and workshops (in alphabetical order):

Rocky Scopelliti	Telstra
Angus Scott	Euroclear
Sabrina Sdao	Deloitte Canada
Anton Semenov	Commerzbank AG
Beth Shah	Digital Asset Holdings
Rajesh Shenoy	Citi
Makoto Shibata	Bank of Tokyo-Mitsubishi UFJ
Matthew Spoke	nuco
Elizabeth Stark	Lightning Network
Maxwell Sutton	Reserve Bank of Australia
Paul Saurek	Blockchain
Michael Tang	Deloitte Canada
Don Tapscott	The Tapscott Group
Alison Tarditi	Commonwealth Superannuation Corporation
Simon Taylor	11:FS
Adizah Tejani	Level39
Craig Tillotson	Faster Payments
Keith Tippell	SWIFT
Marcus Treacher	Ripple
Alan Tse	Commonwealth Treasury
Hedi Uustalu	Nasdaq
Peter Vander Auwera	SWIFT
Wayne Vaughn	Tierion
Chris Wasden	Univerity of Utah
Casey Wilcox	Paretix
Shane Williams	UBS
Greg Williamson	JPMorgan Chase & Co.
Jeremy Wilson	Barclays
Lawrence Wintermeyer	Innovate Finance
Jerry Yohananov	SocietyOne
Tom Zschach	CLS Bank

WORLD ECONOMIC FORUM | 2016

10

세계경제포럼의 '미래의 금융 인프라'라는 논문 전문가 명단에 등재된
마커스 트레처와 딜립 라오(자료: 세계경제포럼 공식 문서
www3.weforum.org/docs/WEF_The_future_of_financial_infrastructure.pdf)

이와 같이 리플사의 임원진은 오랜 산업 경험과 전문성, 그리고 정책 네트워크를 바탕으로 글로벌 금융 생태계에서 지속적으로 혁신을 선도하고 있다.

리플랩스의 고위급 임원진은 그 전문성과 영향력에 있어 여전히 업계 최고 수준을 자랑한다. 마이클 바(Michael Barr)는 미국 재무부 관료이자 전 리플랩스 고문 출신으로, 2022년 조 바이든 대통령에 의해 연방준비제도 감독 부의장에 임명되어 화제를 모았다. 그의 임명은 글로벌 경제가 높은 인플레이션 압력에 직면하던 시기에 이뤄졌으며, 연준 이사회의 재

구성과 규제 의제 형성에 중추적 역할을 했다. 특히 과거 랜들 퀄스(Randal Quarles) 이후 공석이던 감독 부의장직을 맡으며, 제롬 파월(Jerome Powell) 연준 의장과의 협력 속에서 미국 금융감독 정책의 방향을 이끌었다. 이러한 상징적인 인물이 리플의 전 고문이었다는 점은, 리플의 정책적 네트워크가 단순 민간 영역을 넘어 국가 거버넌스와 긴밀히 맞닿아 있음을 보여준다.

여기에 더해 버락 오바마 행정부 시절 미국 재무부 장관을 역임했던 로사 구마타타오 리오스(Rosa Gumataotao Rios) 역시 리플 신임 이사로 영입되어 주목받았다. 리오스는 2009년부터 2016년까지 재무부 장관을 지내는 동안 글로벌 금융의 흐름을 직접 주도해 온 거물급 인물로, 리플의 전략과 비전에 적극적으로 힘을 보태왔다. 그녀는 블록체인과 암호화폐를 "미래 글로벌 금융시스템의 토대"라 평가하며, 리플의 글로벌 결제 네트워크 구축에 기여하고 있다.

또한 HSBC에서 12년간 글로벌 리더, 그리고 2010년부터 2016년까지 스위프트 글로벌 보드멤버를 역임하며 국제 결제망 구조를 총괄해 온 마커스 트레쳐(Marcus Treacher) 역시 RTGS.Global 회장과 리플 글로벌 전략 계정 책임자를 거치며, 리플 생태계의 대형 금융 네트워크 확장에 핵심적 역할을 해왔다. 이외에도 30년 이상 은행 및 지급결제 컨설팅 경력을 가진 인도 아마다바드 경영대학원의 딜립 라오(Dilip Rao), 스탠다드차타드를 비롯한 글로벌 은행에서 영업·관계관리 리더십 팀을 맡은 크레이그 페린(Craig Perrin), 그리고 모건 스탠리·블랙록·미국 재무부·국방부 등에서 리더 경력을 지닌 크레이그 필립스(Craig Phillips) 등 각 분야에서 극강의 전문성을 갖춘 인물들이 포진해 있다.

특히, 2025년 RLUSD가 본격적으로 글로벌 스테이블코인 시장과 크로스보더 송금 시장에 진출하면서, 스위프트의 오랜 명장이자 전 이사회 임원인 안드레 케스터만(Andre Casterman)이 RLUSD를 "국경 간 송금의 게임체인저(Game Changer)"로 평가한 사실은 업계의 높은 기대감을 상징한다. 그는 RLUSD가 단순히 디지털 달러의 기능을 넘어 국제 결제와 자산 토큰화, 실시간 금융 네트워크 연결의 미래를 열어갈 기술적 전환점을 마련했다고 강조했다.

이렇듯 리플랩스의 고위급 임원진들은 미국 연준과 직접 교류뿐만 아니라 국제통화기금, 세계경제포럼, 스위프트, 세계은행, 미국 재무부, 국방부를 비롯한 전 세계 유수의 금융·정책 기관과 긴밀한 네트워크를 구축하고 있다. 이는 리플이 단순 민간 스타트업을 넘어 글로벌 금융 혁신을 이끄는 정

책·기술 연합의 중심축으로 자리 잡고 있음을 방증하는 부분
이다.

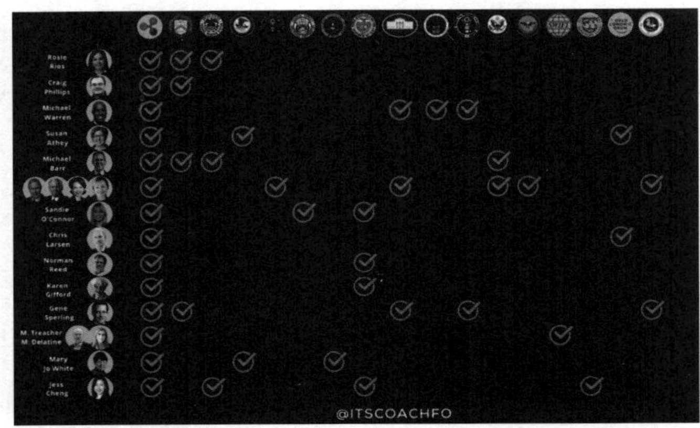

미국 연준, 재무부, 국방부, 스위프트, 월드뱅크, 세계경제포럼, 국제통화기금, UN과
같은 공식 단체 및 국제기구에서 근무했던 사람들이 리플랩스로 합류한 이력을 보여
준다.(자료: x.com/edward_farina/status/1745139124011446296/photo/1)

리플 빅뱅!
그 이유는 무엇일까?

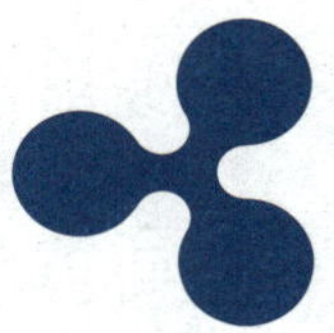

01
전통금융과 리플원장
생태계의 상호운용성

리플 투자에서 핵심적으로 주목해야 할 점은, 리플원장이 향후 스위프트 2.0에 해당하는 국제 B2B 결제의 기반 네트워크로 부상할 유틸리티와 더불어, 미래 디지털 생태계의 인프라로써 다양한 확장성과 상호운용성을 점차 실현하고 있다는 사실이다. 즉, 전통금융과 리플원장 생태계가 긴밀하게 연결되며, 금융의 패러다임 변화가 가속화되고 있음을 의미한다.

이 전략의 일환으로, 리플 개발진은 꾸준히 다양한 유동성 공급 구조와 혁신 솔루션을 도입해 왔다. 리플 합의원장(RCL)뿐만 아니라 유동성 풀을 자동으로 관리하는 자동화 마켓 메이커(AMM), 탈중앙화 거래소(DEX)와의 네이티브 통합, 미국의 업홀드(Uphold) 등 파트너십을 토대로 암호화폐의 글로벌 유동성을 높이고 있다. 2025년 현재, 리플원장에서는 네이티브 대출 프로토콜이 상용화되어, 이용자들은 고정 기간·미리 정해진 조건 아래 자산을 대출하거나 빌릴 수 있다. 이 프로토콜은 고유의 모듈식 설계와 내부적 위험 관리를 특징으로 하며, 추가적인 담보나 보증 없이 프로토콜 레벨에서 보안성과 신뢰성을 극대화한다. 그 결과, 리플원장은 기존보다 더 넓은 범위의 사용자를 수용하며 금융 접근성과 포용성을 획기적으로 제고하고 있다. 또한, AMM/DEX/대출 등 디파이(DeFi) 관련 기능 확장, 모듈화된 프로토콜 구조는 dApp(분산형 애플리케이션) 개발 및 다양한 금융 서비스의 직접적 접목을 가능케 한다. 이처럼 리플원장 생태계의 점진적 진화는 국제 송금·결제 분야를 넘어 디지털금융 전체에서 중추적 인프라가 될 가능성을 보여준다.

탈중앙화 거래소 또는 DEX

암호화폐 판매자와 구매자를 연결하고 P2P(개인 대 개인) 암호화폐 거래를 가능하게 하는 온라인 플랫폼이다. 중앙화된 거래소와 달리 탈중앙거래소는 비수탁형 거래소이다. 즉, 사용자의 개인 키를 제어하지 않는다

분산형 애플리케이션 디앱(dApp)

디앱은 'Decentralized Application'의 약자로 블록체인 내에서 실행되는 분산형 애플리케이션이다. 블록체인에서 실행되기 때문에 블록체인에 연결된 네트워크 어디에서든 작동이 가능하다. 탈중앙화된 애플리케이션이기 때문에 국가와 기업의 통제를 받지 않는다.

한편 이러한 흐름은 국제 주요 기구의 움직임과도 맞닿아 있다. 국제결제은행, 국제통화기금, 세계은행 등 글로벌 금융의 최정상 기구들은 오래전부터 암호자산·블록체인 기술의 실험과 도입을 추진해 왔으며, BIS 산하 바젤은행감독위원회(BCBS)는 특히 금융시장 안정성을 높이기 위한 다양한 글로벌 기준들을 주도적으로 내놓고 있다. 이미 G20, IMF, 중앙은행 실무 그룹 등에서는 비트코인, 이더리움, 리플, 폴카닷, 솔라나, 라이트코인, 스텔라루멘, 바이낸스코인 등 주요 토큰을 기관 수용이 가능한 자산으로 분류하며 평가 기준을 강화하고 있다.

디파이(DeFi, Decentralized Finance)

탈중앙화 금융을 줄인 말이다. 즉, 공개 네트워크인 블록체인 개념을 금융과 합친 것으로, 블록체인 기반의 P2P금융이다. 분산금융의 개념도 포함하지만 가상화폐 거래와 블록체인 금융을 설명할 때 더욱 자주 이용된다.

또한 글로벌 엘리트들은 전통 금융망에서 '블록체인·분산원장'을 결합한 미래형 금융 솔루션을 모색해 왔다. 이 시나리오의 첫 번째 모델이 바로 암호화폐 보유 및 대출 서비스이며, 이는 리플원장의 네이티브 대출 프로토콜과도 맥락을 같이한다. 두 번째로, 청산·시장 조성·고객 유치 등 블록체인 기반 결제·송금 서비스 혁신이 빠르게 현실화되고 있으며, 세 번째로 자산 보관·지갑·보험 등 복합적 금융 서비스의 통합이 디지털 자산 생태계 전체에서 실제로 일어나고 있다. 이러한 네트워크와 솔루션의 진화는 중앙은행이 직접 발행하는 CBDC와 긴밀히 연계됨으로써, 전 세계 디지털 결제와 금융통신 인프라가 단일한 글로벌 블록체인망으로 구조화될 수 있음을 보여준다.

요컨대 리플원장은 그 기술적 진화와 파괴력, 신뢰성 있는 기관 파트너십, 그리고 국제 금융 질서의 중심에서 요구되는 상호운용성 및 규제 친화적 기능을 모두 확보해 가며, 미세조

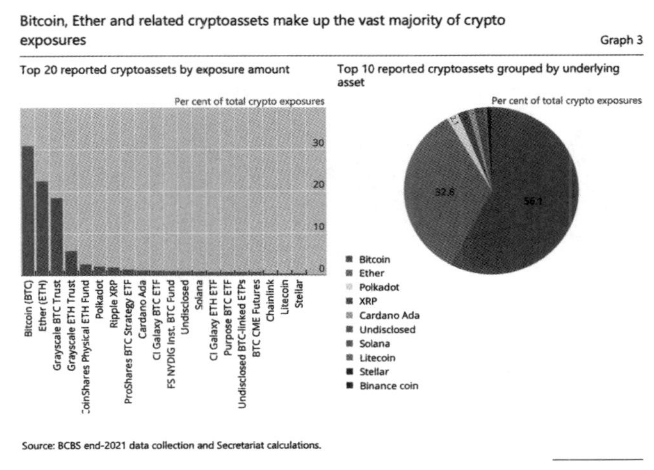

기관들로부터 검증된 토큰
(자료: 바젤은행감독위원회 2021년 데이터 수집 및 사무국)

정과 혁신을 멈추지 않고 있다. 이에 따라 리플 생태계는 기존 전통금융과의 융합 속에서, 미래 디지털 경제의 핵심 플랫폼으로 자리매김할 것으로 기대한다.

금융망에 블록체인을 탑재하여 새로운 형태의 금융솔루션을 모색하고 있다.
(자료: 바젤은행감독위원회 2021년 데이터 수집 및 사무국)

02
브릭스 페이 뒤에
숨겨진 리플넷

브릭스(BRICS)라는 명칭은 2001년 골드만삭스 글로벌 경제 리서치 책임자였던 짐 오닐(Jim O'Neill)에 의해 처음 제시되었다. 시간이 흐르면서 브릭스를 중심으로 한 경제 및 정치 연합체의 영향력은 더욱 확대되고 있으며, 특히 미국 달러에 대한 의존도를 줄이려는 움직임(탈달러화)이 가속화되고 있다. 실제로 브릭스 참가국들은 기존 국제 송금 인프라인 스위프트 체계에서 벗어난, 새로운 금융 메시지 표준과 자체 독립적인 결제망 구축에 집중하고 있다. 이러한 변화가 리플과 어떠한 관련성을 갖는지, 그리고 시장의 지각 변화에 어떤 영향을 미칠지 살펴봐야 한다.

중국은 2015년부터 크로스보더 은행간결제시스템(CIPS:

Cross-Border Interbank Payment System) 구축에 사활을 걸어왔으며, 2025년 현재 CIPS는 국제결제은행(BIS)과 그 산하 결제·시장인프라위원회(CPMI)의 글로벌 가이드라인에 부합하도록 ISO 20022 국제메시지 표준을 전면적으로 도입했다. 이로써 CIPS는 위안화 기반의 글로벌 결제 허브로 도약, 아시아 및 신흥국 결제시장 내 입지를 확대하고 있다.

러시아 역시 2014년부터 스위프트 차단에 대비해 자체 금융 메시지망인 SPFS(System for Transfer of Financial Messages)를 개발해 왔다. 러시아-우크라이나 전쟁을 계기로 실제 스위프트 네트워크에서 배제된 후, 러시아 중앙은행은 ISO 20022 표준 기반 메시지시스템을 강화하여 브릭스·비서방 국가들과의 결제 연동성을 높였으며, 2025년 기준 20개국 160개 이상의 글로벌 금융기관이 러시아 SPFS 네트워크에 참여하고 있다. 그뿐만 아니라 러시아는 디지털 루블(CBDC)의 시범 운영을 개시하여, 디지털화폐와 블록체인 기반 결제를 통한 국가 간 금융망 강화에 박차를 가하고 있다.

인도는 IFTAS(Indian Financial Technology & Allied Services)를 통해 중앙은행인 RBI 주도로 차세대 국가간결제시스템(NEFT, RTGS 등)에 ISO 20022 표준을 도입하였으며, 글로벌 주요국 은행들과 메시지 호환성을 더욱 확장하고 있다. IFTAS는 현지 기술과 글로벌 스탠더드의 융합에 중점을 두면서, 회원사로 미국과 유럽은 물론 한국의 시중은행들을 포함한 다수의 국제 은행이 이름을 올리고 있다는 점도 주목할 만하다.

이처럼 중국, 러시아, 인도 등 브릭스의 주요국들이 모두 ISO 20022 표준을 미래 금융 인프라에 적용하는 한편, 각국의 결제망에는 블록체인 등 최신 기술이 도입되고 있다. 이 과정에서 리플넷(RippleNet)은 ISO 20022 표준을 공식 지원할 뿐 아니라, 국제표준화기구(ISO)의 등록관리그룹(RMG: Registration Management Group) 멤버로 등재되어 있다. 이는 브릭스가 도입하는 글로벌메시지 표준 체계 속에 리플네트워크의 기술이 내재될 수 있는 인프라적 기반이 마련됐다는 의미이다. 실제로 주요 국가, 은행, 기관, 글로벌 컨소시엄 모두가 ISO 20022 전환

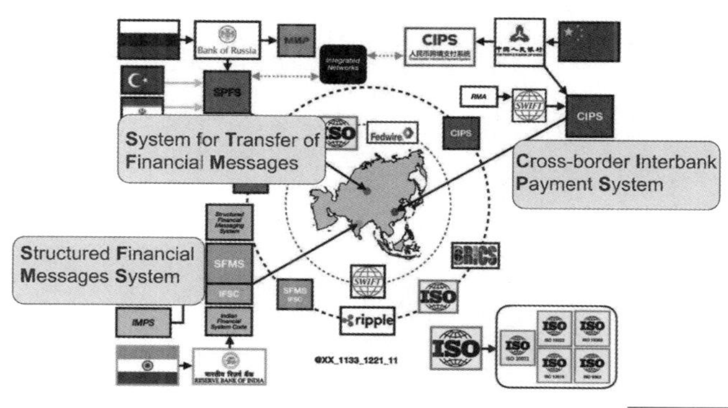

중국, 러시아, 인도를 필두로 한 금융시스템의 움직임을 나타낸다.
(자료: irp.cdn-website.com/6b820530/files/uploaded/
137maps_XX_1133_1221_11.pdf, 101쪽)

을 지속적으로 추진하며, SWIFT 2.0에 대응하는 차세대 결제 시스템이 구축 중이다.

결국 표면적으로는 미국과 브릭스가 금융 패권을 둘러싼 대립 구도에 놓여있으나, 실질적으로는 ISO 20022라는 단일 금융메시지 표준을 전 세계적으로 채택·확산시키는 과정을 공유하고 있으며, 그 안에 리플넷 및 블록체인 기반 네트워크가 핵심 역할을 하게 될 가능성이 높다. 이제 우리는 브릭스의 움직임 이면에는 '글로벌메시지 표준의 블록체인화'라는 거대한 흐름이 있음을, 그리고 리플이 그 변화 한가운데에서 새로운 국제 금융 인프라의 필수 노드로 자리 잡아가고 있음을 염두에 둘 필요가 있다.

IFTAS와 함께 협력 관계를 맺고 있는 금융사 리스트이다. 전 세계를 아우르는 은행
권들과 손을 잡으며 새로운 금융통신메시지 국제표준 ISO 20022를 탑재할 준비를
해왔다. 모든 금융권은 연결되어 있다는 것을 반증하는 그림이기도 하다.
(자료: www.rbi.org.in/Scripts/AnnualReportPublications.aspx?Id=1264)

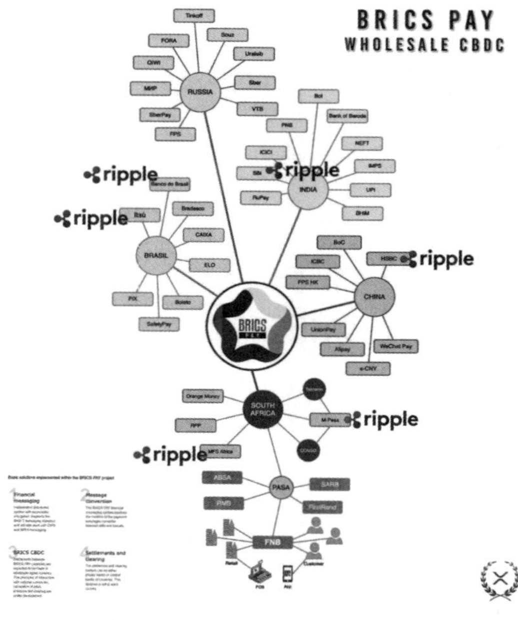

리플과 연결된 브릭스 페이(자료: brics-pay.com)

03
스테이블코인

스테이블코인(Stablecoin)은 비트코인 등 기존 암호화폐의 변동성 문제를 해결하기 위해 등장한 디지털 자산으로, 명목 화폐와 1:1로 연동되는 가치의 안정성을 목표로 한다. 대표적으로 써클(Circle)의 USDC와 테더(Tether)의 USDT가 있으며, 최근 글로벌 금융시장에서 미 달러 기반 스테이블코인이 결제, 송금, 금융 인프라의 핵심축으로 빠르게 자리매김하고 있다. 특히 디지털 달러 형 스테이블코인은 각국에서 실물 화폐를 대체할 결제 수단이자, 글로벌 달러 패권을 지속시키는 디지털금융의 신경망으로 부상하고 있다.

2025년을 기점으로 USDC는 리플원장 메인넷에 공식적으로 통합되었다. 이에 따라 리플원장에서도 USDC의 직접 발행 및 거래가 가능해졌고, 송금 특화 서비스와 실시간 결제 솔루션 등 폭넓은 금융 서비스에서 스테이블코인 USDC를 자유롭게 사용할 수 있게 되었다. 최근 서클사는 리플원장의 빠른 처리 속도와 낮은 수수료, 그리고 금융 특화 인프라 환경을 높이 평가하며 USDC의 네이티브 지원을 전격 발표하였다. 이로써 리플원장에서는 리플, USDC, 그리고 리플랩스가 별도로 준비 중인 자체 스테이블코인 RLUSD까지 더해져, 국제 거래·송금 및 기관 간 B2B 결제시장에서 전례 없는 실시간 유동성과 확장성이 확보되고 있다.

아울러 써클은 2025년 미국 뉴욕증권거래소(NYSE)에 성공적으로 상장(IPO)하며 시장 신뢰도와 제도권 입지를 더했다. 주요 주주로는 골드만삭스, 블랙록, 피델리티 등 세계적 금융기관과 자산운용사가 포진해 있어 글로벌 디지털 달러화의 위상이 더욱 공고해졌다. 대표적인 파트너십 사례로는 브라질 거대 핀테크 은행 누뱅크(Nubank)와 협력하고 아시아, 중남미, 유럽 등 전 세계 디지털금융 생태계 내에서 USDC와 리플원장의 통합이 활발히 진행 중이다.

종합하면, 스테이블코인은 2025년 기준 2,500억 달러를 상회하는 시가총액으로 암호화폐시장 내 약 9% 이상을 차지하

며, 기관·기업 간 B2B 결제, 실시간 송금, 자산혁신 등 분야에서
필수 인프라로 자리 잡았다. 특히 USDC는 리플원장 공식 통
합을 통해 리플 네트워크의 실시간 글로벌 결제 능력을 극대화
하고, 미래 디지털금융 생태계의 중심축으로 진입을 빠르게 실
현하고 있다는 점에서, 리플과 USDC의 협력은 디지털 달러 시
대의 중요한 이정표가 될 것이다.

테더사의 USDT

2025년 현재, 테더사의 USDT는 시가총액 약 1,570억
~1,600억 달러, 전체 스테이블코인 시장 점유율 약 62%로 글
로벌 시장에서 단연 1위를 차지하는 최대 스테이블코인이다.
유통량은 꾸준히 증가하고 있으며, 2025년 2분기에는 49억

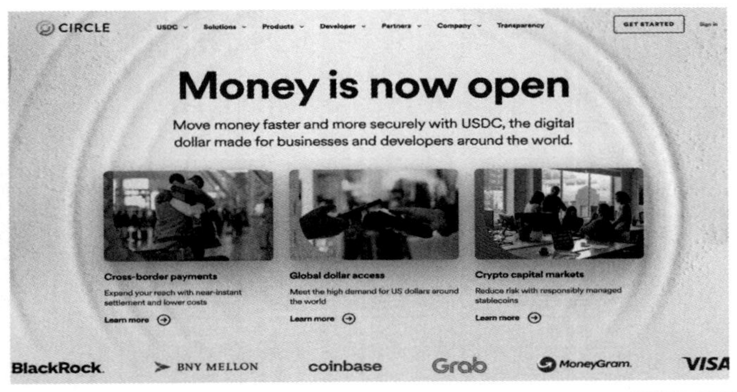

스테이블코인 USDC를 관리하는 P2P 결제 기술 회사 써클
(자료: www.circle.com)

달러의 순이익까지 기록했다. 테더의 준비금 대부분은 미국 국채, 현금, 머니마켓펀드 등에 안전하게 예치되어 있고, 약 54억 달러의 초과 준비금도 유지하고 있다. 발행사인 테더 인터내셔널(Tether International Ltd.)은 영국령 버진 아일랜드에 소재해 있으며, 모기업인 아이파이넥스(iFinex)는 홍콩 기반의 대형 암호화폐거래소 비트파이넥스(Bitfinex)도 함께 소유하고 있다.

테더와 비트파이넥스의 실제 투자자 구조를 살펴보면, 뉴욕 소재의 디지털커런시그룹(DCG) 산하 벤처캐피털, 코인베이스, 크라켄 등 다양한 미국·영국계 사모펀드와 갤럭시디지털 등 글로벌 금융 권력이 깊숙이 연관되어 있다. 표면적으로 '테더=중국, 써클=미국'의 이분법이 널리 퍼져 있으나, 양사 모두 유대계 자본과 월가의 거대 자산운용사들이 중추를 이루고 있다는 점이 확인된다. 스테이블코인 시장의 가장 큰 위험은 USDT의 발행량/유통망이 지나치게 커져 전체 암호화폐 파생시장 및 글로벌 금융에 시스템 리스크를 가져올 수 있다는 데 있다. 나는 크립토 시장에서 USDT와 테더의 취약성이 돌발 악재로 현실화할 경우, 2025년 내에 FTX 파산과 유사한 충격이 시장에 닥칠 가능성도 배제하지 않고 있다.

리플사의 RLUSD: 성장, 신뢰, 그리고 제도금융의 진출

2024년 말 공식 출시된 리플의 스테이블코인 RLUSD는 이더리움과 리플원장에서 동시 발행되며, 설계 초기부터 기관 투자자 중심의 인프라를 지향했다. 2025년 7월 기준 시가총액은 약 5억 달러를 돌파했고, 연초 대비 800% 이상 폭발적으로 성장하며 스테이블코인 시장의 '다크호스'로 급부상하고 있다. RLUSD는 미국 재무부 채권, MMF, 은행예치금 등 듀레이션·신용리스크가 극히 낮은 자산으로 1:1 담보를 확보하며, 글로벌 신탁은행 BNY 멜론(BNY Mellon)과 준비금 관리 파트너십을 맺었다. RLUSD 준비금 '투명성·분리관리'의 엄격함과 규제 적합성은 뉴욕금융감독국(NYDFS) 신탁회사 인가를 받으며 한층 강화되었고, 블루칩 신용평가기관에서 A 등급(매우 안전)을 공식 획득하였다.

처음엔 기관 시장이 주 타깃이었으나 Xaman, 리플랩스, 트랜삭 등 디지털 월렛·거래소 서비스와의 통합 덕분에 일반 사용자 기반으로도 빠르게 확산했다. RLUSD는 히든로드(Hidden Road)와 같은 글로벌 프라임 브로커의 공식 담보자산으로 채택됐으며, 스위스 아미나은행 등 복수의 대형 은행·결제 기관과 연계해 도입이 본격화되고 있다. 많은 전문가들은 미국 의회에서 '지니어스법(GENIUS Act)' 통과 및 리플의 미국 내 은행 라이선스 획득, 그리고 연준 마스터 계좌 승인이 이뤄지면 RLUSD가 미국 내 금융기관 및 대형 기업 결제의 표준 스테이블코인으로 자리 잡으며, 기존 USDT·USDC를 일부 대체할 수 있을 것으로 내다보고 있다.

특히 리플은 2025년 미 통화감독청(OCC)에 국립 신탁은행 설립을 위한 신청서도 제출했다. RLUSD는 증권거래위원회 등 미국 규제기관과의 분쟁과 무관하게 독립·분리된 구조로 운영되어, 제도권 기업·금융기관의 대규모 도입에 최적화된 설계를 자랑한다. 만약 리플이 연준 마스터계좌를 공식 부여받게 되면, RLUSD의 모든 예치준비금은 연준 계좌 내에서 100% 직접 운용, 결제, 유통될 수 있어, 규제·투명성·안전성 부문에서 현존 모든 스테이블코인 대비 '제도권 최적화 솔루션'이 될 전망이다. 이로써 RLUSD는 블록체인 생태계와 전통 금융 시스템의 '다리'가 되며, 글로벌 금융의 신뢰받는 디지털 달러로 자리매김할 조건을 이미 갖췄다고 평가된다.

04
FTX 거래소의 파산 사태

2022년 11월, 전 세계 3위 거래소 중 하나로 꼽히던 미국의 대형 암호화폐 거래소인 FTX가 파산했다. 이 사건 이후 암호화폐 투자는 폰지 사기라는 부정적인 인식이 확산되었으며, 시장에는 극심한 공포가 자리 잡았다. 당시 FTX의 파산 관련 채권자 명단을 보면 구글, 아마존, 메타, 애플, 넷플릭스, 골드만삭스 등 주요 글로벌 기업들이 포함되어 있었고, 이들의 대주주로는 세계 최대 자산운용사인 블랙록, 뱅가드, 스테이트스트릿, 피델리티가 주를 이루고 있다는 사실이 드러났다.

2023년 1월에는 디지털커런시그룹(DCG)의 자회사인 암호화폐 대부업체 제네시스 트레이딩(Genesis Trading)마저 파산했다. 이는 2022년 11월 FTX 파산, 해당 계열사 알라메다 리서치

(Alameda Research) 및 암호화폐 헤지펀드 쓰리 애로우 캐피탈 (Three Arrow Capital, 3AC)에 대규모 자금 대출을 진행한 뒤, 상대가 파산보호를 신청하면서 약 770만 달러(한화로 약 88억 원)의 손실을 기록한 결과였다.

이러한 일련의 사태-테라, 루나를 필두로 한 연쇄 파산과 FTX, 제네시스 트레이딩의 몰락-은 일부 세력의 계획적 움직임으로 해석될 여지가 있다. 이들은 암호화폐시장에 지속적으로 악재를 조성하며, 대중에게 암호화폐 투자에 대한 부정적 이미지를 각인시키는 데 성공했다.

그러나 2025년 8월 현재, 스테이블코인 시장은 계속 성장세를 이어가고 있으며, 기관투자자들의 자금 유입도 정점에 달하고 있다. 써클과 테더 등 기존의 글로벌 스테이블코인 발행사들은 시장 점유율 확대에 집중하고 있으며, 스테이트 스트릿과 같은 미국의 대형 자산운용사들 또한 자체 스테이블코인 개발 및 관련 인프라 구축에 더욱 적극적으로 나서고 있다. 주요 기관투자자들은 스테이블코인이 결제, 유동성 관리, 디지털 자산 유통 등 금융 시스템 전반의 효율성과 투명성을 높이는 데 기여한다고 평가하며, 이를 미래 금융의 핵심 도구로 인식하고 있다.

동시에 업계 내부에서는 다양한 스테이블코인들이 리플원장으로 이관되거나 그 위에서 직접 발행되는 흐름이 본격화되고 있다. 이 중심에 자리 잡은 것이 바로 리플의 RLUSD다. RLUSD는 미국 달러와 1:1로 연동되는 신규 스테이블코인으로, 단기 미국 국채 및 현금성 등가 자산 등 실물 기반 자산을 통해 안정성과 투명성을 확보하고 있다. 2024년 하반기 미국 증권거래위원회로부터 명확한 규제 지위를 부여받으며 공식 출범하였고, 현재는 디지털 결제, 자산 토큰화, 기관 간 거래 등 다양한 분야에서 활발히 활용되고 있다.

리플사는 디지털 자산 시장의 혁신과 실물 기반 자산의 효율적 운용을 위해 리플원장에 이더리움 가상머신(Ethereum Virtual Machine, EVM) 기반 사이드체인을 성공적으로 통합하였다. 이를 기반으로 디파이(DeFi) 및 다양한 실물 자산 애플리케이션의 개발과 확장성이 크게 증대되었다.

또한, 리플사는 안전하고 효율적인 크로스체인 트랜잭션을 실현하기 위해 엑셀라 재단(Axelar Foundation)과 전략적 파트너십을 강화하였다. 엑셀라 네트워크와의 연계는 리플원장과 이더리움 메인넷 등 주요 퍼블릭 블록체인 간 호환성을 크게 높였으며, 인터체인 자산 이동과 스마트 컨트랙트 상호 운용의 표준으로 자리 잡았다. 이러한 변화는 리플원장이 글로벌 디지털 경제에서 핵심 인프라로 자리매김하는 데 강력한 기반을 제공하고 있다.

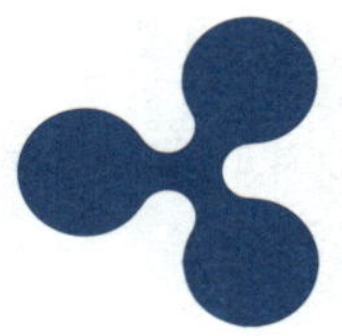

05
리플의 중장기적인 비전

2008년 아주대학교에서 외과의사 박경철이 했던 'W를 찾아서' 강연을 떠올리면, 세상을 관통하는 거대한 패러다임 변화의 소름은 시간이 지나도 사라지지 않는다. 그가 강연에서 언급한 대로, 인터넷 혁명과 제3차 산업혁명의 시작은 소수만이 인지했고, 대중은 '느리다', '비싸다', '불편하다', '비효율적이다'라 규정하며 오히려 시대의 변화를 본능적으로 부정했다. 그러나 역사는 결국 혁신이 이끄는 방향으로 전진했다. 오늘날 블록체인과 암호화폐, 특히 비트코인과 리플이 맞닥뜨린 금융 혁명의 여정 역시 똑같은 길을 걷고 있다. 여전히 많은 이들이 암호자산 시장을 외면하거나, 혹은 반복되는 시장의 악재 보도에 흔들리며 두려움을 품고 있다. 나는 비트코인 등장과 더불어

지난 12년간 리플이 이뤄온 경로가 곧 역사상 새로운 '화폐 혁명'을 향한 설계와 다름없다고 믿고 있다.

왜 비트코인은 2008년 글로벌 금융위기 직후 개발되어 2009년에 공개되었을까? 선진국의 민낯, 달러의 실질가치 약화, 금리와 통화정책을 동원한 기득권의 횡포, 자연재해와 인구 구조 변화, 선진국 도시의 성숙과 고령화 등 복잡한 문제들이 동시에 불거지던 시기이다. 벡터는 분명했다. 달러 패권이 약해지고, 새로운 디지털 경제는 인공지능(AI)과 블록체인, IoT, AI반도체, 우주항공, Web3.0, 메타버스, 자율주행, AR/VR 등 연결·융합산업의 토대 위에서 출현할 것이다.

미국과 글로벌 금융 엘리트들은 오랜 기간 달러의 힘을 활용해 세상의 질서를 장악해 왔고, 이는 디지털 달러 프로젝트와 같은 준비를 물밑에서 효율적으로 진행해 온 흔적으로 남아 있다. 실제 RLUSD 같은 스테이블코인을 2024년 이후 리플사가 발행하는 본질적 목적 역시 단순 사익이 아닌, 미국달러의 글로벌 거버넌스를 디지털 환경에 적합하게 확장하려는 의도가 중심에 있다. 개발도상국 등 금융소외층까지 아우르는 글로벌 금융포용, 그리고 모든 화폐를 디지털화(토큰화)해 패권 질서를 유지하려는 의도가 깔려 있다. 이 구조의 핵심 자금 파이프라인 역시 액센츄어(Accenture)와 같은 컨설팅 대기업과 연계되어 미국발 통제하에 구축됐다. 리플사의 초기 투자자 면면 또한 유대계 자본이 깊숙이 자리한다는 점은 변하지 않는다.

2025년 현재, 미국 연준이 ISO 20022 국제금융메시지 표준을 공식 채택하면서, 디지털 경제와 세계 결제망의 패러다임이 바뀌고 있다. 새로운 SWIFT 2.0 결제망에서, 중앙은행 도매 CBDC 유통 및 청산 과정에 리플이 가교통화(Bridge Currency)로 쓰이면서, '코인 소각'에 따른 공급 감소 및 기관의 실질적 채택이 급물살을 타기 시작한다. RLUSD도 금융소외국가와 신흥국 확산 전략의 중추적 상품이 될 것이다. 그 결과 80억 인구의 글로벌 인프라를 감당할 새로운 결제·정산 인프라가 등장한다. 더불어 STO(Security Token Offering), RWA(Real World Asset), NFT 등 온체인 자산, 메타버스, AI서비스와의 결합으로 리플 원장 시스템 내 리플 수요는 기하급수적으로 늘어날 전망이다.

이런 현상은 브레튼우즈 체제를 참고하면 의미가 더해진다. 1944년 미국이 금과 달러를 연결해 새로운 세계 질서(금본위-달러본위 체제)를 만든 것처럼, 현 글로벌 금융마피아들은 리플 초기부터 엄청난 양의 리플을 조용히 매집하며, 철저한 펀더멘털 확보와 협력망 구축, 가치 억제에 집중해 왔다. 그리고 토큰화 된 미래에서 리플이 전 세계 브릿지통화로 인정받으면, 리플의 가치가 대폭 상승하고, 이 거대 세력들은 단숨에 외환보유고와 국가부채마저 현물자산으로 일거에 정리할 여지를 갖는다.

리플 투자란 결국 기득권 질서의 교체와 맞물린 대전환의 흐름을 읽는 일이다. 리플은 앞으로 10년간, 드랍(drp) 단위까지 쪼개지며 디지털금융의 실질적 표준 통화로 자리 잡을 것이다. 이러한 관점에서 나는 2030년까지 리플을 장기적으로 보유할 의향이 확고하며, 약 1~2만 개의 리플은 노후자금으로 모아둘 계획이다.

마지막으로, 2025년 7월 브래드 갈링하우스(Brad Garlinghouse) 리플 CEO는 인터뷰에서 "향후 5년 이내에 리플이 글로벌 SWIFT 결제망 시장의 약 14%를 차지할 것으로 기대한다"고 언급했다. 시장이 앞으로 나아갈 방향과 결제·토큰화 혁신에서 리플의 역할에 대한 신념이 시대의 패러다임과 만난다면, 리플 에 대한 투자 명분은 그 어느 때보다도 충분하다고 단언한다. 그러니 남이 뭐라 하든 리플 투자엔 반드시 깊은 공부와 인내, 그리고 거시적 시각이 동반되어야만 한다.

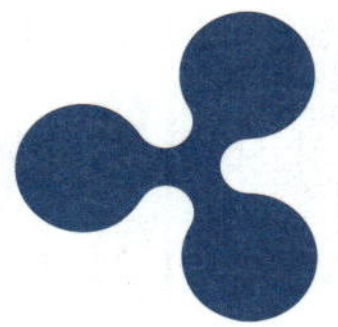

06
리플원장 추가 정보

리플원장의 역사는 2011년 세 명의 엔지니어, 데이비드 슈워츠(David Schwartz), 제드 멕켈럽(Jed McCaleb), 아서 브리또(Arthur Britto)가 비트코인의 한계를 넘어서 좀 더 효율적이고 결제에 특화된 분산원장을 만들고자 협업하면서 시작되었다. 2012년 6월, 리플원장은 오픈소스 퍼블릭 블록체인으로 공식 출범했다. 리플원장은 비트코인과 달리 채굴이나 스테이킹 없이 리플 프로토콜 합의 알고리즘(Ripple Protocol Consensus Algorithm, RPCA)을 채택하여, 초당 1,500건 이상의 트랜잭션(TPS)을 평균 3~5초 내로 안전하게 처리하며 전력 소모도 극히 적은 구조를 자랑한다.

리플원장은 노드와 글로벌 유효성검증자(2025년 기준 150개 이상)의 네트워크를 기반으로 모든 트랜잭션과 데이터 기록을 변조 불가하게 처리한다. 이로써 송금, 외환, 자산 토큰화, 결제 등 다양한 금융서비스에 있어 수수료가 낮고 실시간 성능이 요구되는 기관의 수요에 최적화된 인프라로 자리매김했다. 리플원장은 자체 암호화폐 리플 외에도 다양한 화폐·자산 및 토큰을 빠르고 저렴하게 이동시킬 수 있는 설계가 특징이다.

2025년 기준 수십 개국 중앙은행 및 정부와 맺은 CBDC(중앙은행 디지털화폐) 파일럿 프로젝트 및 파트너십은 리플원장의 기술 신뢰도를 상징한다. 부탄, 팔라우, 몬테네그로, 콜롬비아, 홍콩 등 각국은 블록체인 기반 CBDC 실험에 리플원장을 선택해, 국경 없는 결제 효율화, 개인정보 보호, 에너지 절감 효과 등을 실증하고 있다. 최근에는 UBS, 산탄데르, 뱅크 오브 아메리카 등 글로벌 시중은행들도 리플원장 네트워크를 활용한 합류나 기술 검증을 확대하는 추세다.

기술적 측면에서는 분산형 자동 마켓 메이커(AMM, XLS-30), 기관용 프로토콜 네이티브 오라클, 분산ID(DID), 규제 친화형 DEX, 신용 기반 기관 대출시스템 등 다양한 기능이 꾸준히 추가되고 있다. 개발사 피어시스트(Peersyst)와 협업해 이더리움과 완벽하게 호환되는 EVM(Ethereum Virtual Machine) 사이드체인(XLS-38d)도 개발이 마무리 단계에 있으며, XRP, IOU, ERC-20

토큰의 양방향 이동을 Devnet에서 탑재 시험 중이다. 이러한 크로스체인/멀티자산 유동성 혁신은 향후 리플원장이 전통금융, 블록체인, 디파이, RWA(실물자산 토큰화)까지 폭넓게 통합될 수 있는 기반이 된다.

NFT 분야 역시 2022년 도입된 XLS-20 프로토콜 이후 2025년 기준 7,600만 개 이상이 발행되는 등 폭발적으로 성장했다. 사용자는 스마트 컨트랙트 없이도 효율적으로 NFT를 발행·거래·수수료 배분할 수 있으며, 클린한 토큰 표준 도입과 자동 로열티, 낮은 비용으로 리플원장이 NFT 생태계의 혁신 기반으로 자리 잡았다.

향후에는 리플원장을 기반으로 탈중앙화 ID, DAO 거버넌스, 기관용 대체자산(RWA) 토큰화, 글로벌 신용 네트워크 등 새로운 기능 확장이 계획되고 있으며, 이는 리플원장이 단순 결제 블록체인을 넘어 미래 디지털금융의 통합 국가/글로벌 인프라로 진화하고 있다는 근거가 된다.

정리하면, 리플원장은 2011~2012년 출발해 2025년 현재 빠른 처리 속도, 에너지 효율성, 제도권·국가 단위 프로젝트, 크로스체인 호환성, NFT/DeFi 혁신 등 다층적 확장성을 갖춘 오픈소스 인프라로 발전했다. 이러한 기술·생태계 진화와 적극적인 글로벌 파트너십 확대로 리플원장은 미래 금융·결제의 핵심 플랫폼으로 중장기 비전을 수행할 전망이다.

이더리움 가상머신(EVM, Ethereum Virtual Machine)

우선 가상머신(VM, Virtual Machine)에 대해 이해하고 넘어가자. 이는 컴퓨팅 환경을 소프트 웨어로 구현한 것이다. 즉 컴퓨터 시스템을 에뮬레이션(가상현실화)하는 소프트웨어다. 가상머신상에서 운영체제(OS)나 응용 프로그램을 설치 및 실행할 수 있다. 그렇기에 이더리움 가상 머신은 어떤 운영체제든지 독립된 이더리움 가상 기계 환경을 만들어서 이더리움 플랫폼 위에 프로그램을 실행시킬 수 있는 환경을 의미한다.

NFT(Non-fungible token, 대체 불가능 토큰)

블록체인 기술을 이용해서 디지털 자산의 소유주를 증명하는 가상의 토큰이다. 그림·영상 등의 디지털 파일을 가리키는 주소를 토큰 안에 담음으로써 그 고유한 원본성 및 소유권을 나타내는 용도로 사용된다.

2025년 현재, 써클(Circle)은 골드만삭스가 주도하는 전략적 출자와 더불어 블랙록, 피델리티 등 세계 최대 자산운용사로부터 투자를 유치하며, 명실상부하게 글로벌 디지털 달러 금융 인프라의 중추적 역할을 담당하고 있다. 특히 써클이 발행하는 스테이블코인 USDC는 2025년 6월, 리플원장에 공식적으로 통합되며 디지털 자산 시장에 역사적 이정표를 남겼다. 이제 리플원장 생태계 안에서는 USDC가 네이티브로 직접 발행·유통되며, 개발자와 기관들은 실시간 결제, 국경 간 송금, 다양한 금융 서비스에서 USDC의 안정성과 유동성을 적극 활용할 수 있게 됐다. 써클 측도 "리플원장의 초고속 처리와 저렴한 거래비용, 그리고 기관 친화적 인프라에 주목해 USDC의 완전 통합을 결정했다"고 밝힌 바 있다.

동시에 2024년 하반기부터 리플랩스는 직접 달러 연동 스테이블코인 RLUSD를 발행하여 시장을 확대하고 있다. 리플의 RLUSD는 현재 뉴욕 금융감독청의 감독뿐 아니라 미국 연방 은행 인가 및 연준 마스터 계좌 신청 등, 제도권 금융 편입과 강력한 투명성·보안성을 기반으로 기관 수요에 최적화된 스테이블코인으로 평가받는다. 이에 따라 리플원장은 USDC와 RLUSD라는 양대 스테이블코인을 동시에 포섭하면서, 글로벌 결제·송금, B2B·B2C 실시간 유동성, 자산 토큰화, 금융기관 결제, 온·오프체인 자산 연결 등 메타 경제와 현실 경제를 잇는 인프라로 그 위상을 확장하고 있다.

스테이블코인은 현물 경제의 실질 자산을 블록체인 기반

의 디지털 경제(메타 경제)로 매끄럽게 이전시키는 다리 역할을 한다. 기관 자금이 대량으로 암호화폐시장에 마이그레이션되고 있다는 점은, 안정성과 신뢰를 확보한 스테이블코인(USDC·RLUSD)이 제도권 금융 권력의 실질적 수단으로 자리 잡았다는 방증이기도 하다. 결국, 2025년 이후 암호화폐시장에서 실질적인 기관 자금의 유입과 스테이블코인의 공식적, 제도권적 확장이 맞물리면서 글로벌 금융 질서의 대전환이 본격화되고 있다.

2025년 현재 리플원장의 유동성 허브는 글로벌 결제 혁신의 중심 도구로 자리 잡고 있으며, 빅테크와 핀테크 기업을 포함한 다양한 산업군에서 빠르게 채택되는 추세다. 그 핵심 이유는 미래에는 상품, 서비스, 실물자산의 결제와 거래가 여러 암호화폐·스테이블코인·토큰을 아우르는 다중 결제 환경으로 전이될 것이기 때문이다. 리플 유동성 허브를 활용하면, 기업과 판매자는 단일 코인뿐 아니라 다양한 코인·토큰을 결제수단으로 승인할 수 있게 되어, 사실상 토큰화된 자산시장 전반에서 자유로운 결제 및 교환 구조가 형성된다. 이는 리플 생태계가 Token-to-Token 기반 크로스체인 교환, 장외거래(OTC), 다중자산 유동성 제공 기능까지 융합하며, 실제 결제·송금, B2B,

B2C 등 광범위한 실사용 시장을 창출할 수 있는 기반이다.

특히 글로벌 대형 은행(UBS, 산탄데르, 뱅크 오브 아메리카)과 같은 금융기관도 이미 리플 유동성 허브와 리플원장 기술력을 검증 및 채택하고 있으며, 남아프리카공화국, 호주, 브라질 등 신흥시장·신용도가 다양한 국가에서도 실무 적용이 확장되고 있다. 각국의 규제·법정화폐 기반 대형 은행도 리플원장의 유연한 트랜잭션 처리, 낮은 비용, 실시간성, 신뢰성에 주목하며 파트너십을 체결하고 있다. 미국의 신용평가기관들은 리플 레저의 기관 적합성과 실시간 결제 네트워크로써의 잠재적 파급력을 높이 평가 중이다. 뱅크 오브 아메리카 등 미국 금권 세력 역시 리플 유동성 허브를 "게임체인저"로 칭한 바 있다.

실생활에서 가장 강력한 파급력을 가질 플랫폼 후보로는 엑스(X, 전 트위터)가 있다. 일론 머스크와 린다 야카리노 CEO가 주도하는 X는 2025년 'X머니'라는 새로운 결제시스템을 정식 출시하였다. 비자와 전략적 제휴 아래 글로벌 송금, 신용카드 연동, 모바일 P2P 결제 등 '슈퍼앱'의 기능 통합을 가속화하면서, 암호화폐 결제 옵션까지 단계적으로 연구·적용하고 있다. 비록 공식적으로 암호화폐 결제의 즉각적인 도입을 선언하지는 않았으나, 이미 커뮤니티 및 시장에서는 주요 결제 토큰으로 DOGE, USDT, USDC, 그리고 유동성·법정통화 교환이 뛰어난 리플에 대한 실무 도입 논의가 활발하다. 머스크가 궁극적으로 지향하는 것은 단일 코인에 의존하는 것이 아니라, 리플 원장 유동성 허브 같은 멀티토큰 결제·재화 교환 인프라 위에서 글로벌 실시간 자산 이동을 구현하는 것이다.

아울러 리플원장 유동성 허브는 증권토큰(STO), 실물자산 토큰(RWA), NFT 등 온체인 자산 생태계의 교환·결제·시장조성에 있어서도 필수 인프라가 될 전망이다. 실제로 여러 산업군의 NFT 발행, STO 기반 온체인 부동산·채권·미술품 거래가 다중 코인 입력·출력 구조(유동성 허브) 위에서 구현되고 있다. 현실 세계의 거의 모든 가치 있는 자산이 리플원장 기반으로 토큰화되어 여러 코인으로 사고 팔리고, 그 가치를 자유롭게 이동·전환하는 시대가 성큼 다가오고 있다.

요컨대, 리플원장의 유동성 허브는 디지털·전통 금융의 경계를 뛰어넘으며, 글로벌 경제 주체에게 "모든 자산, 모든 코인, 언제 어디서든 실시간 결제"가 가능한 새로운 패러다임을 제공하고 있다. 리플원장은 이미 다중자산 유동성, 기관용 DeFi, RWA, CBDC 등 혁신적 금융 솔루션을 제공하며, 미래 수십 년간 디지털경제의 '현실 인프라'로 부상하고 있다.

빅테크(Big Tech)

첨단 기술과 플랫폼 서비스 등을 기반으로 온라인상에서 다양한 서비스를 제공하는 대형 IT 기업을 말한다. 원래는 미국의 대형 IT 기업만을 의미했으나 최근에는 의미가 확장되어 다른 나라의 대형 IT 기업 또는 미국 빅테크 기업과 경쟁 관계인 타국 기업들도 빅테크라 부르기도 한다.

핀테크(Fin Tech)

금융과 기술의 합성어로 금융과 정보통신기술(IT)의 융합을 통한 금융서비스와 산업의 변화를 아우르는 말이다.

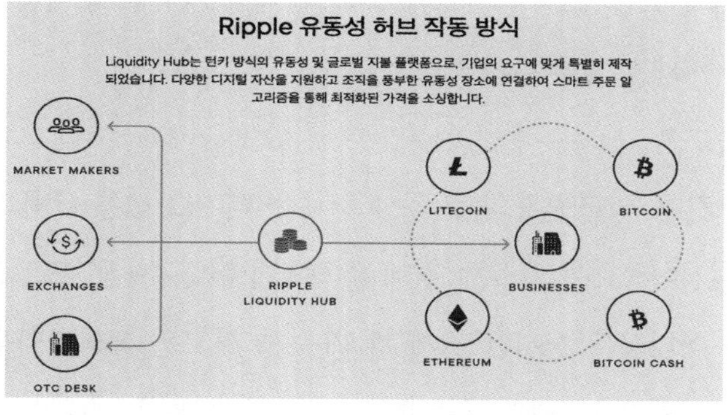

리플원장에서 구현할 수 있는 유동성 허브 플랫폼
(자료: ripple.com/solutions/crypto-liquidity)

앞으로 많은 비즈니스에서 코인으로 결제할 수 있는 솔루션이 도입될 것이다. 그러면 자료에 나오는 것처럼 라이트코인, 비트코인, 이더리움, 비트코인캐시 등 각각 회사 또는 업체, 가계(사업장)에서 결제받는 코인이 모두 제각각일 것이다. 이를 하나로 연결해 주는 플랫폼이 바로 리플원장의 유동성 허브이다. 그것들은 시장을 형성하고 교환을 용이하게 하며 장외거래(OTC)를 통해 유동성을 공급할 수 있다. 이는 미래 디지털 세상에서 중요하게 사용될 플랫폼으로 급부상할 것이라 생각한다.

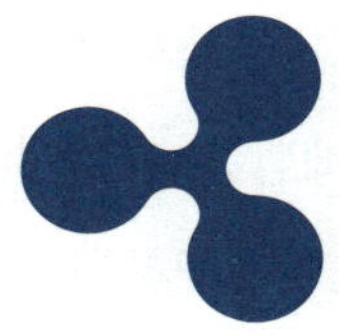

07
미하원에서 통과된 3가지 크립토 법안

2025년 7월 미국 하원에서 통과된 3가지 핵심 암호화폐 관련 법안은 미국 디지털 자산 시장의 제도권 편입과 미래 금융 질서 변화를 상징하는 중요한 이정표라 할 수 있다. 각 법안의 주요 내용을 아래와 같이 일목요연하게 정리한다.

첫째, '지니어스 법안(GENIUS Act)'은 스테이블코인에 대한 최초의 미국 연방법으로서, USDC·RLUSD·USDT와 같이 달러 등 법정화폐 또는 단기 국채 등 유동성 자산에 100% 연동된 스테이블코인만 발행을 허가하도록 한다. 스테이블코인 발행사는 엄격한 공시, 발행 절차, 월별 외부감사, 자금세탁방지(AML) 및 제재법 준수, 준비금 100% 유지 의무 등 각종 투명성·규제 요건을 충족해야 하며, 시가총액 500억 달러 이상 대형 발행사는 추가 외부감사도 의무화된다. 이 법안은 스테이블코인 시장의 제도권 진입, 기관투자자 및 실물자산 연동형 토큰의 활성화를 목표로 하고 있다. 궁극적으로 미국 내 스테이블코인이 제도권 금융 인프라를 통해 광범위하게 활용될 수 있는 토대를 마련하는 법안이다.

둘째, '디지털 자산 시장 명확성 법안(Crypto Market Structure Clarity Act), 일명 클래러티 법안(Clarity Act)'은 암호화폐, NFT, 디지털 자산을 증권 또는 상품으로 명확히 구분하고, 이에 따라 규제당국(CFTC·SEC)이 시장을 감독하는 체계를 확립한다. 구체적으로 각 가상자산을 거래·발행하는 기업에는 소매 투자자 대상 공시 의무와 고객 자산 분리 보관 의무가 부과된다. 이를 통해 투자자 보호와 시장 신뢰도를 한층 높이고, 규제의 불확실성으로 인한 기업의 법적 리스크를 줄이려는 목적이 있다. 나아가 NFT·토큰화 증권 등 혁신 서비스의 제도권 진입을 촉진함과 동시에, 미국 내 암호화폐 기업들의 본격적인 성장 기반을 제공하는 내용을 골자로 한다.

셋째, 'CBDC 감시 국가 방지법안(Anti-CBDC Surveillance State Act)'은 미국 연준이 일반 국민을 대상으로 하는 중앙은행 디지털화폐(CBDC)를 직접 발행하거나 관련 서비스의 개발·

시범운영·숙의를 전면 금지하는 법이다. 이 법안이 통과됨에 따라 연준은 도매형 CBDC 또는 기관 대상 실험은 추진할 수 있으나, 일반 대중 대상 소매형 CBDC 발행 권한은 부여받지 못한다. 미국은 국민의 자산과 금융거래에 대한 정부의 감시·통제 우려를 방지하는 의미에서, CBDC 도입에 극히 보수적인 노선을 확고히 하게 되었다. 향후 미국 내 디지털 달러 도입 논의는 공공·민간 협력형 스테이블코인에 더 큰 비중을 둘 전망이다.

요약하면, 위 세 가지 법안은 스테이블코인의 제도화, 암호화폐 규제 체계의 명확화, 연준 CBDC 도입 제한을 동시 실현하면서 미국이 글로벌 디지털 자산 시장 패권 장악, 투자자 보호, 자유시장 질서 수호라는 세 마리 토끼를 동시에 추구하는 데 방점을 찍었다.

트럼프와 백악관의 움직임(크립토 정책 보고서)

2025년 3월 트럼프 대통령이 추진한 '백악관 크립토 위크'와 이에 기반한 공식 크립토 정책 보고서는 미국이 전 세계 디지털 자산 정책의 본격적 전환기를 맞이하고 있음을 상징한다. 해당 크립토 위크는 백악관에서 개최된 첫 암호화폐 정상회담이자 공식 정책 대전환의 신호탄으로, 여러 주요 디지털 자산(비트코인, 이더리움, 리플, 솔라나, 에이다 등)이 "미국 전략 비축자산"으로 공개적으로 언급된 역사적 사건이다.

우선 크립토 위크를 통해 트럼프 행정부는 기존의 강경 규제 기조에서 완전히 선회해, 디지털 자산 산업을 미국 미래 성장동력으로 공식 천명했다. 정책 보고서는 비트코인, 이더리움과 함께 리플, 솔라나, 에이다 등 주요 시가총액 코인이 미 정부의 디지털 비축 가능성에 포함되어 있음을 첫 시그널로 내비쳤다. 이 자산군은 모두 명백하게 "국가 장기 전략·비축자산" 리스트로 언급됐으며, 이는 단지 선언적 차원이 아니라, 미국 재무부, 연방 기관, 외환안정기금(ESF) 등을 통한 실제 국고 편입까지 단계적으로 추진할 수 있다는 의미심장한 포석으로 읽힌다.

또한 백악관 정책 보고서는 암호화폐의 규제 체계를 명확화하는 동시에, 시장 혁신 여지를 제도권에서 적극 보장하겠다는 내용을 중심에 뒀다. 비트코인 ETF 허용, 스테이블코인 규제·제도화, CBDC 직접 발행의 원칙적 금지, 블록체인·디파이 혁신 보호, 국경 간 결제 인프라에 리플 등 역할 확대, 그리고 금융기관의 가상자산 기업 서비스 차별 금지 등이 구체적인 주요 골자에 해당한다. 이번 보고서는 163페이지에 달하는 종합 정책 로드맵으로, 과거 '초크포인트 2.0' 등 은행 계좌 차단·실사용 억제 정책을 전면적으로 폐기하겠다는 태도를 재확인하였다.

미국 정부와 크립토 생태계의 공식 융합은 최근 은행 인가 심사 및 연준 마스터 계좌 신청에 대한 암호화폐 기업의 접근성 확대와 맞닿아 있다. 백악관 정책 보고서와 트럼프 대통령의 발언을 미루어볼 때, 앞으로 미국 내 디지털 자산 기업은 규제 요건과 자격을 갖출 경우 기존 금융기관과 동등하게 은행 인가 및 연준 직접 계좌 개설이 가능한 시대가 도래하게 된다. 리플사(RLUSD 등 스테이블코인 발행사)의 미국 은행 인가 및 마스터 계좌 신청 역시 이러한 정책 노선 전환과 완전히 궤를 같이한다. 증권거래위원회, 통화감독청 등 금융감독 체계 내에서 은행 등 금융기관은 이제 독자적인 디지털 자산 수탁, 발행, 결제 인프라를 설계할 수 있게 되었다는 점이 이번 변화의 실질적 의미다.

결론적으로 2025년 백악관 크립토 위크와 크립토 정책 보고서의 본질은, 미국이 비트코인·이더리움에 한정된 정책에서 탈피해 리플, 솔라나, 에이다 등 주요 코인까지 제도권 전략자산군에 편입시키겠다는 의지를 표명한 데 있다. 이는 미국 정부의 공식 혁신 수용 시그널이자, 암호화폐 기업의 은행 인가 및 연준 계좌 승인과 같이, 리플사와 같은 글로벌 디지털 인프라 기업이 새로운 제도권 시장의 핵심 주체로 부상할 수 있는 역대급 정책 전환점이 되는 동시에, 미래 10년 금융 질서의 판도 변화를 예고하는 중요한 '빅뱅'임을 명확히 시사한다.

08
리플의 특허

리플랩스(Ripple Labs)는 2025년 기준 35건 이상의 등록 및 출원 특허를 보유하고 있으며, 이 중 상당수가 국제 송금 및 글로벌 결제망에서 실질적으로 활용 가능한 핵심 기술로 평가받고 있다. 이들 특허는 리플의 회전속도 한계, 가격 변동성(슬리피지), 대규모 국제 송금에서 유동성 확보 등 기존 금융 인프라의 구조적 단점을 극복하고자 개발된 것이다.

대표적인 혁신 특허로 '임시 합의 하위 네트워크(Temporary Consensus Subnetworks, EP3054405A1)'가 있다. 이 특허는 거래마다 전체 네트워크 합의를 요구하던 기존 방식과 달리, 송금 주체들이 신뢰할 수 있는 임시 벨리데이터(Validator, 검증인) 집단을 지정하여 거래 별 맞춤 검증을 시행한다. 거래 규모와 리스크에 따라 효율적으로 합의 구조가 적용되어, 소액 송금은 빠르게 처리하고 고액·고위험 거래는 더욱 엄격하게 검증하여 스위프트 등 기존 결제시스템의 합의 지연 및 네트워크 회전속도 저하 문제를 탈중앙 분산원장 기술로 극복한다.

'On-Demand Liquidity(ODL)' 및 'Client-Side Liquidity Pool(US2021192501A1)'은 리플 가격 변동성이나 송금 과정 중 발생할 수 있는 슬리피지 문제, 즉 수취자가 송금자가 의도한 환율과 금액으로 즉시 수령하기 어려운 상황을 해결한다. 각 기관은 유동성 풀을 운용하고 송금 경로 양쪽에 환율 보장 기능을 내장, 거래 처리 시 본래 송금 가치가 보장된다. 이러한 특허 구조는 실시간 환전, 초고속 대규모 송금에서 리플의 브릿지 자산 역할을 부각시킨다.

'신뢰 네트워크 기반 즉각 결제 특허(US 11,998,003)'는 전체 노드의 합의가 필요한 기존 블록체인 구조를 개선하여, 사전에 구축된 기관·은행 간 신뢰 네트워크가 있으면 즉각적으로 국제 송금과 결제가 이루어질 수 있게 설계되었다. 반복적인 대규모 기관 송금의 회전속도와 효율성을 극대화하는 새로운 합의 구조로써, 글로벌 결제 인프라에서 진전을 보여준다.

특히 주목할 점은 리플사의 특허와 기술력, 리플의 브릿지 자산 구조가 알리바바, 도이체 텔레콤, IBM 등 세계적인 빅테크 기업들에 의해 공식적으로 인정받고 인용되고 있다는 사실이다. 블록체인·금융 인프라 혁신 분야에서 이들 기업은 리플 특허의 실제 적용 및 효용성을 기술문서와 표준 연구에서 반복적으로 인용한다. 이는 리플 기술의 글로벌 표준적 신뢰성을 시사하며, 리플사 특허가 단순 등록을 넘어 ISO 20022 메시지 표준 중심 국제 금융 네트워크 핵심 인프라로 자리 잡아가고 있음을 보여준다.

또한 뱅크오브아메리카는 리플원장 기술을 공식 특허에 인용한 사례가 있다. 예를 들면, 'Bank of America US20190370803A1' 특허에서는 분산원장 기반 결제 네트워크와 관련된 구조에 리플원장을 구체적으로 명시하면서, 기존 은행 간 결제시스템을 넘는 효율적 글로벌 송금 구조를 설계하였다. 이 특허는 공공 블록체인 활용, 실시간 거래 및 정산, 유동성 보장 등 리플의 기술력을 직접적으로 참고하고 있으며, 미국 내외 금융기관 및 대형 결제 네트워크에서 리플의 원장 기술이 실제로 인용되는 중요한 근거라 하겠다.

머니그램(MoneyGram) 역시 2019년 이후 '블록체인 기반 해외 송금, 실시간 정산' 분야 주요 특허에 리플 기술을 일부 인용하였다. 'MoneyGram US20200360412A1' 등에서는 리플의 ODL 및 분산원장 기반 송금 알고리즘을 참고 구조로 채택, 실제 송금량 증가와 수수료 절감, 즉시 환전의 실현에 초점을 맞추고 있다. 머니그램과 리플의 제휴 사례는 단순 기술 협력에 그치지 않고, 특허와 비즈니스 프로세스 양 측면에서 리플 특허·기술이 국제 송금망 혁신의 실질적 참고 모형으로 인정받는다는 근거가 된다.

덧붙여, 리플사는 이미 2025년 기준 공식적으로 1,700개 이상의 은행·금융기관과 비즈니스 계약을 체결했다고 밝혀왔다. 이는 리플넷 및 ODL 서비스가 미국, 유럽, 아시아 등 주요 결제망에서 광범위하게 금융기관에게 도입되고 있음을 반영한다. 주요 글로벌 은행, 송금업체, 결제네트워크 등에서 리플과 직접 계약을 통해 실제 국제 송금·결제 프로세스에 리플과 리플 기술이 활용되고 있으며, 이는 암호화폐 업계뿐 아니라 전통 금융산업 전체에서 리플 기술의 신뢰성과 실질적 가치가 성장하고 있음을 방증한다.

요컨대, 리플사의 특허 포트폴리오와 기술력, 그리고 리플의 브릿지 자산 기능과 거래 효율성은 금융업계 및 IT산업 내 빅테크, 글로벌 은행, 송금업자들에게 널리 인정·인용되고 있다. ISO 20022 메시지 표준이 본격 도입된 이후에는, 리플의 기술적 혁신뿐 아니라, "레거시 금융망과 신(新) 블록체인 송금망"의 결합 기반에 리플과 리플 특허가 중심축으로 자리 잡게 될 가능성이 현저히 높아진다. 이는 단순한 암호화폐 기술의 도입을 넘어서, 실제 글로벌 결제 인프라의 효율·신뢰성·확장성·정산 속도 등 펀더멘털 측면에서 리플이 불가결한 자산으로 자리매김하는 데 결정적 역할을 하게 될 것이다.

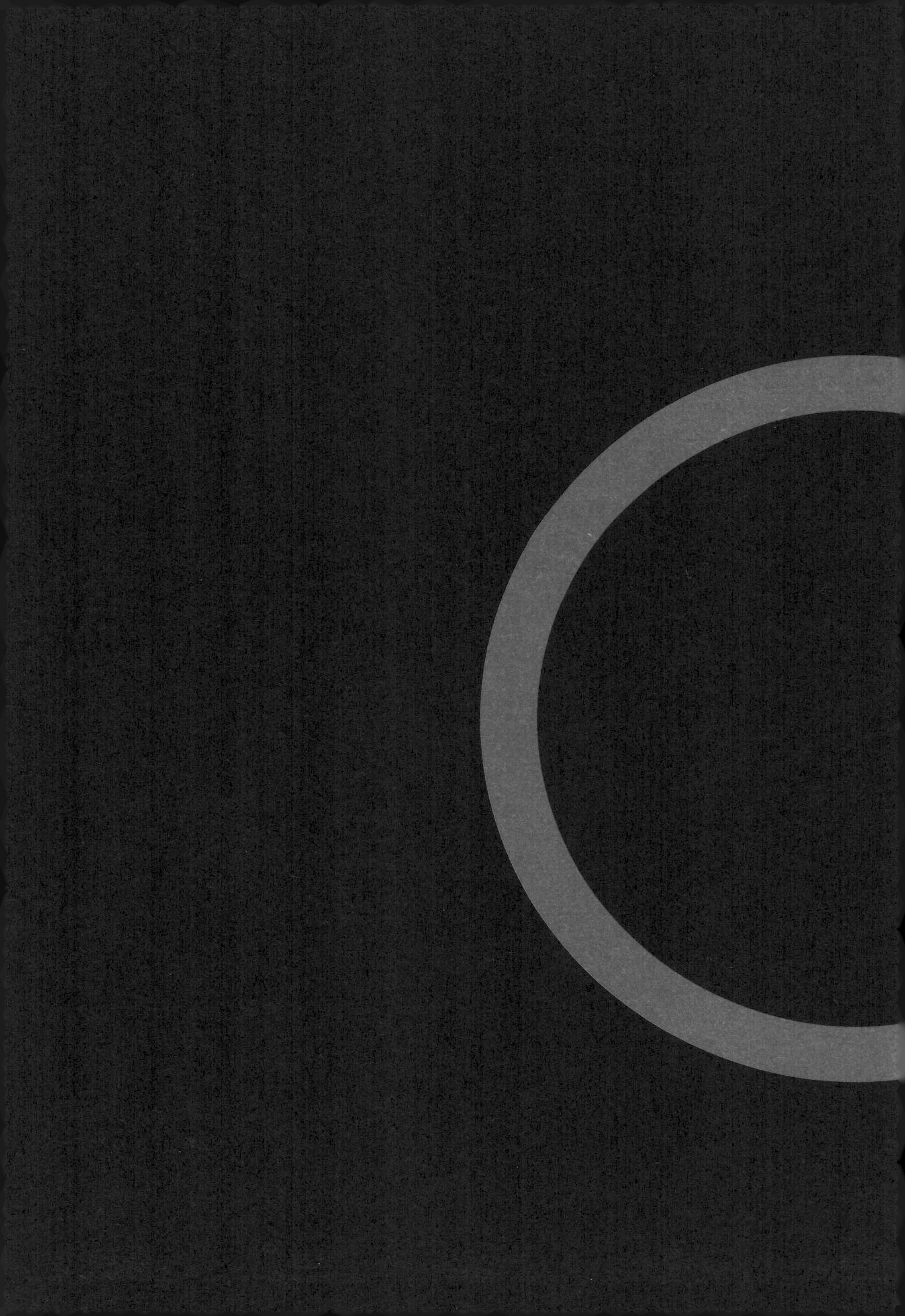

리플, 어떻게
투자하는 게 좋을까?

01
달러 비용 평균화

리플, 어떻게 투자하는 게 좋을까? 결론부터 말하자면, 답은 달러 비용 평균화(DCA, Dollar Cost Averaging)이다. 실제로 한국 학술지인용색인에 〈적립식 투자전략이 투자 성과를 개선하는가?〉 라는 서울대 교수진이 작성한 논문이 있다. 그 내용에 따르면 변동성이 큰 시장일수록 적립식으로 분할로 접근하는 게 효과적이라는 결과가 도출된다. 또한 좀 더 정량적인 수치를 위해 한국의 코빗 리서치센터에서는 실험군 4개를 놓고 10년 안의 수익률 추이를 계산하였다. 실험군은 아래와 같다.

A: 완벽한 투자 타이밍

B: 매월 100달러씩 규칙적으로 적립식 매수한 달러 비용 평균화(DCA)

C: 구글 트렌드에 따라 대중의 관심도가 높을 때 매수

D: 오직 현금 보유

그 결과 놀라운 정량적인 수치를 보여줬다.

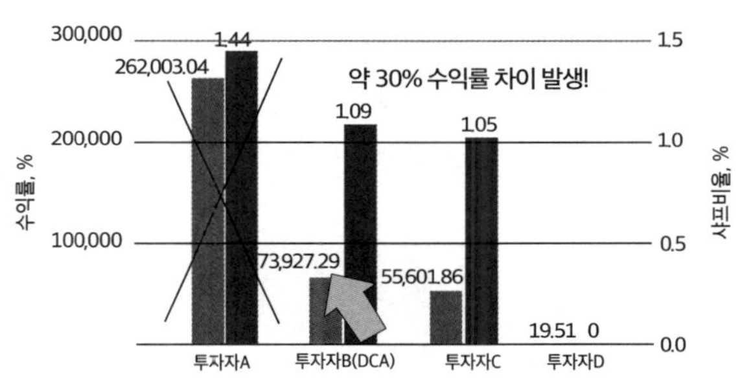

투자자 A, B, C, D의 수익률(회색)과 샤프비율(푸른색) 비교
(자료: 코빗 리서치센터)

실험군 A는 우리가 현실적으로 접근이 불가능한 투자방식이다. 실험군 B, C의 비교가 핵심 포인트인데 그 두 개 실험군의 수익률 차이는 30% 이상이 나왔다. 샤프비율(위험자산에 투자함으로써 얻은 초과 수익의 정도)을 보더라도 구글 트렌드에 민감했던 실험군 C보다 매월 1일 가격에 상관없이 꾸준히 DCA로 매입한 실험군 B가 월등한 투자 성과를 얻는 것을 확인할 수 있었다. 그렇기 때문에 우리가 암호자산, 특히 리플을 투자하면서 DCA는 가장 효율적인 투자 방법이라고 자신 있게 말할 수 있다.

02
스테이킹

스테이킹(Staking)이란 가상화폐를 블록체인에 예치하고 이에 대한 보상을 받는 것을 말한다. 이를 좀 더 쉽게 설명하자면 기존의 계좌에 돈을 저축한 후 이자를 받는 저축 예금과 비슷한 방식이라고 할 수 있다. 다만, 일반 금융기관의 예적금과 다른 점은 예금은 은행이 고객의 자산을 운용하여 얻은 수익을 분배하는 방식이지만, 스테이킹은 고객이 예치한 가상화폐를 블록체인 기능 검증에 사용하고 이에 대한 보상으로 자산을 지급하는 방식이다. 또한 이자율 적용 방식이 단리가 아닌 복리라는 것이다. 단리가 아닌 복리이기 때문에 나는 구독자들에게 단순히 코인을 거래소에 두기보다는 스테이킹이 가능한 코인이라면 안전한 거래소에서 스테이킹하는 것을 권장한다.

대부분의 국내 투자자가 사용하고 있는 업비트와 같은 거래소에는 스테이킹이 가능한 이더리움, 솔라나, 에이다, 폴리곤, 코스모스를 지원하고 있다. 이외에도 테조스, 이오스, 체인링크, 폴카닷 등 많은 가상화폐가 스테이킹이 가능하다.

스테이킹의 기본 원리는 가상화폐를 블록체인 활성화에 사용하는 것이다. 블록체인이 거래 데이터 처리와 블록 생성 등을 원활하게 수행하는지 확인하기 위해서는 가상화폐가 필요한데, 이를 위하여 투자자는 여유 자금을 블록체인에 예치하고, 관리자는 이를 사용하여 블록체인을 검증하게 된다. 즉, 스테이킹은 블록체인 관리자와 투자자 모두에게 이익이 되는 윈윈 방식인 셈이다. 나는 코인 투자를 한다면 기관의 채택을 받은 메이저 코인을 선택해야 하고, 그중에서 스테이킹이 가능한

단리

원금에 대해서만 이자를 계산하는 방식

복리

원금에 대한 이자뿐만 아니라 이자에 대한 이자도 함께 계산하는 방식

언스테이킹

스테이킹한 가상자산을 출금 가능한 상태로 전환하는 것이다. 적금을 해지하는 것과 유사하다고 보면 된다.

코인이라면 안전한 거래소에서 복리의 효과를 얻으며 눈덩이
를 키우는 것이 좋은 투자 방법이라고 생각한다.

스테이킹은 여러 장점을 갖고 있다.

투자 수량 보존

스테이킹은 예치 기간이 종료된 후 투자자가 예치한 가상
화폐와 이자를 함께 지급한다. 예를 들면, A코인 100개를 예
치했을 경우 기간 종료 후에 A코인 100개와 이자로 몇 개의
코인을 더 받을 수 있다. 따라서 스테이킹 상품에 예치한 코인
수량은 안전하게 보존 가능하다.

하지만 코인의 가격 변동에 따라 원금을 보장하는 것은 아
니다. 가상화폐 불황기가 시작되어 A코인 가격이 떨어지면 예
치했던 코인 100개와 이자를 전부 받아도 자산 금액 자체는
낮아질 수 있기 때문이다.

높은 이자율

스테이킹은 은행 예금과 달리 매일 이자를 받는다. 스테이
킹 기간, 플랫폼의 이자율 차이 등 다양한 요소에 따라 달라
질 수 있지만 이자율은 최근 은행 예금보다 높은 편이다.

투자 수익률 증가

　락업 스테이킹 상품은 일정 기간 예치한 가상화폐의 출금이 불가하기 때문에 충동적인 매도 욕구를 다스릴 수 있다. 자연스럽게 중장기적인 투자가 가능하다는 것이다. 이는 곧 안정적인 수익을 얻는 결과로 이어진다. 또한 스테이킹에 활용되는 가상화폐가 늘어나면 시장의 화폐 거래량이 감소하여 해당 가상화폐 가격은 상승한다. 그로 인해 투자 수익도 증가할 수 있다. 본인이 투자하고 있는 코인이 스테이킹이 가능한 코인인지 확인하여 당장 매도 계획이 없다면 꼭 스테이킹 투자법을 활용하길 바란다.

03
어머니의 리플 적금

나의 어머니는 일평생 은행 저축 외의 투자를 해본 적이 없는 보수적인 투자성향을 가진 분이다. 사람마다 투자의 성향은 다 다르기 마련인데 내 어머니의 경우 안정성을 추구하는 투자자에 해당한다.

내가 리플을 공부하며 확신이 든 순간 어머니께 이렇게 제안했다.

"제가 매달 10만 원씩 드릴 테니 2년 동안 적금 든다고 생각하고 리플을 매수해 보시죠." 투자금을 대신 내주는 적립식 펀드가 어디 있겠는가? 하지만 나는 어머니이기에 월 10만 원씩 2년 만기 리플 적금 투자로 좋은 수익률을 만들어 드리고 싶었다. 그리하여 2023년 5월부터 매월 1일에 분할매수를 시작하여 해당 적립식 투자의 만기를 2025년 연말까지로 생각하고 진행하고 있다. 현재의 시점에서 어머니의 리플 투자 수익률은 약 30%이다. 어느날 어머니가 말씀하셨다.

"아들아, 리플 좀 더 살까?"

나는 대답했다.

"욕심내지 마시고 월 10만 원씩 꾸준히 매수해 보시죠. 어떻게 되는지 지켜봐 주세요"라고 말이다.

사람의 욕심은 끝이 없다. 이런 마음을 잘 다스리면서 가치 투자를 해야 성공할 수 있다고 나는 굳게 믿는다. 많은 암호화폐 투자자들이 적립식매수법 DCA를 습관화하여 건강한 투자를 추구해야 한다고 생각한다.

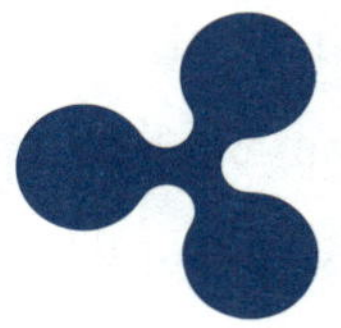

04
구독자들의 단골 질문

많은 구독자들이 자주 하는 단골 질문을 정리해 보겠다.

체인링크 vs 리플

체인링크(Chainlink)와 리플(Ripple)은 블록체인 생태계 내에서 각각 고유한 목적과 역할을 하는 상이한 기술 축을 형성한다. 외견상 제휴와 연계가 이루어질 때마다 경쟁 관계가 재평가되기도 하나, 두 프로젝트의 설계 철학과 적용 범위가 근본적으로 다르다는 점을 분명히 해야 한다. 체인링크는 블록체인과 외부 세계를 연결하는 오라클 네트워크이자 인터체인 기능을 제공하는 프로토콜이다. 체인링크의 핵심 역할은 스마트 계약이 신뢰할 수 있는 외부 데이터를 안전하게 수신·검증하도록 하는 데 있으며, 이를 통해 온체인과 오프체인 자산·데이터의 결합을 가능하게 한다. 특히 체인링크의 CCIP(Cross-Chain Interoperability Protocol)는 서로 다른 블록체인 간의 신뢰성 있는 메시지 전달과 자산 전송을 지원하는 표준화된 인터체인 레이어로 설계되어 있다. CCIP는 안전한 교차체인 통신을 통해 스마트 계약 간 상태 전파, 토큰 브리지, 멀티체인 오라클 호출 등의 기능을 제공하며, 이를 바탕으로 복합적인 온체인·오프체인 워크플로우를 구현할 수 있다. 또한 체인링크는 가격 피드, 이벤트 트리거, 외부 데이터 어댑터 등 다양한 오라클 솔루션을 제공하여 퍼블릭·프라이빗 블록체인 모두와 연동 가능한 '데이터 게이트웨이'로서 위상을 갖추고 있다.

반면 리플은 주로 결제 인프라와 국경 간 송금에 특화된 분산 결제 네트워크이자 결제 중심의 블록체인 플랫폼이다. 리플의 기술적 역량은 실시간 결제 처리, 유동성 관리, 은행 및 결제 사업자 대상의 B2B 결제 솔루션을 통해 비용 절감과 처리 속도 개선을 달성하는 데 집중되어 있다. 퍼블릭·프라이빗 요소를 결합한 구조와 규제 친화적 접근을 통해 기관 고객의 준법 요구와 운영 편의성을 충족시키는 설계를 채택하고 있으며, '가치의 이동(즉, 자금의 신속하고 적은 비용·안전한 이전)'에 중점을 둔다. 이로 인해 리플은 결제 생태계 내에서 직접적이고 명확한 활용

사례를 다수 확보해 왔다.

따라서 체인링크와 리플을 동일한 범주의 경쟁자로 단순 비교하기보다는, 각자의 미션과 기술적 강점이 실세계 사용 사례로 어떻게 전환되는지를 별도로 평가하는 것이 합리적이다. 체인링크는 CCIP를 포함한 오라클 및 인터체인 솔루션을 통해 다양한 블록체인과 전통 금융 시스템 간의 데이터·정보 흐름을 중개하는 '중간자(데이터 게이트웨이)'로서 가치를 제공한다. 반면 리플은 결제·송금 인프라의 운영 효율성·네트워크 효과를 통해 '가치 이전'에 초점을 맞춘다. 포트폴리오 관점에서는 두 프로젝트의 상호보완적 가능성을 고려하되, 각 프로젝트의 규제 리스크, 파트너십 확장성, 실사용 실적(온체인·오프체인 통합 사례 및 기관 도입 현황), 토큰 경제 및 거버넌스 구조 등을 개별적으로 검토한 뒤 배분 결정을 내리는 것이 바람직하다.

오라클 문제

오라클(Oracle) 문제는 블록체인이 자체 데이터는 안전하게 지키지만, 환율·주가·날씨처럼 외부 정보를 스스로 가져올 수 없다는 한계에서 생긴다. 스마트계약에 외부 정보가 필요할 때, 그 정보를 블록체인에 넣는 과정에서 조작이나 실수 같은 문제가 발생할 수 있다. 이를 해결하려는 방법으로는 여러 독립된 출처에서 같은 정보를 모아 비교하는 방식, 데이터를 제공하는 노드에 벌금·보상 같은 규칙을 둬 올바르게 행동하도록 유도하는 방식, 그리고 데이터를 체인에 넣기 전에 요약해 안전하게 올리는 방식 등이 있다. 체인링크와 같은 오라클 솔루션은 탈중앙화된 검증 시스템과 신뢰 보장 메커니즘을 제공함으로써, 블록체인의 다양한 실사용 사례 확대와 제도권 금융 도입에 필수적 인프라로 자리매김했다.

요약하면, 체인링크는 CCIP와 다양한 오라클 기능을 통해 신뢰성 있는 데이터 전달과 안전한 교차체인 통신을 제공하는 '데이터 및 메시지 게이트웨이'이며, 리플은 결제와 유동성 제공에 최적화된 '가치 이동' 플랫폼이다. 이들 기술의 차이를 전제로 합리적 평가와 분산된 투자 전략을 마련하도록 권장한다.

JP모건 vs 리플

JP모건(JPM)은 전통적 금융권을 대표하는 글로벌 대형 은행으로서 블록체인 기술을 은행 내부 프로세스의 디지털 전환 수단으로 적극 활용해 왔다. 기존 Onyx 사업부를 확장·리브랜딩한 'Kinexys by J.P. Morgan(이하 키넥시스)'은 프라이빗·허가형 블록체인 인프라로 설계되어 은행 내부의 자금결제·청산·유동성 관리 및 실물자산(RWA)의 토큰화를 주요 목적으로 삼는다.

키넥시스는 은행 간 계좌이체·청산·결제 프로세스의 온체인화 및 효율화, 환매조건부채권(Repo)·무역결제·기관 간 실물자산 관리 등 특정 목적의 내부 금융망 운영을 지원하며, JPM Coin 기반의 계좌 간 실시간 결제와 연계된 유동성·결제 워크플로우를 포함한 전용 솔루션들을 조직 내부에서 시범 및 상용화하는 방향으로 진화하고 있다. 또한 키넥시스는 온체인 외환(FX) 결제, RWA 토큰화 및 기관 고객 대상의 규제 준수형 워크플로우 강화를 통해 기존 은행 업무의 디지털 전환을 가속화하고자 한다.

이와 같은 지향점은 결제·송금에 특화된 리플과 본질적으로 구분된다. 리플은 글로벌 실시간 결제와 국경 간 송금, 온디맨드 유동성(ODL) 제공 등 '가치의 이동'에 특화된 분산 결제 네트워크로써 은행·결제사업자 대상의 B2B 결제 인프라 제공에 초점을 둔다. 리플의 기술과 서비스는 국제결제의 비용과 속도 제약을 완화하는 데 목적을 두고 있으며, 대외 결제 흐름 및 유동성 문제 해결에 중점을 둔다. 따라서 키넥시스가 은행 내부의 청산·유동성·자산관리 프로세스를 온체인으로 구현하는 데 최적화된 플랫폼이라면, 리플은 대외적 결제·송금 수요를 처리하는 외부 인프라로써 상호 보완적인 역할을 수행한다.

키넥시스와 리플은 대상 고객층, 적용 레이어 및 설계 최적화 지점이 다르므로 직접적인 경쟁 관계라기보다 보완적 관계로 이해하는 것이 맞다. 예컨대 은행 내부의 청산·유동성 관리가 키넥시스에서 효율화되는 동안, 국경 간 대외 결제 및 저원가 송금 수요는 리플과 유사한 외부 솔루션이 담당할 수 있다. 이러한 분업 구조는 금융기관이 블록체인 기반 인프라를 도입할 때 복수의 솔루션을 병행 적용하여 상호보완적으로 운영하는 여지를 제공한다. 과거 JP모건 관련 연구 및 업계 보고서에서도 리플의 기술적 접근법이 국경 간 결제 개선 방안의 하나로 참조·인용된 바 있어, 리플의 솔루션이 은행권 내부 시스템과 직접적으로 충돌하기보다는 외부 결제 생태계의 개선에 기여할 수 있음을 뒷받침한다.

한편 XDC 네트워크(XinFin, 이하 XDC)는 무역금융과 기업용 토큰화에 초점을 둔 블록체인 플랫폼으로 고처리량·저비용 거래 처리와 무역금융 워크플로우에 적합한 스마트 컨트랙트 기능 제공을 목표로 한다. XDC는 EVM 호환성 등 이더리움 생태계와 상호운용성을 확보하여 스마트 컨트랙트 기능을 제공하고, 무역금융 프로세스에 맞춘 기능과 기업용 토큰화 솔루션을 결합한 인프라를 지향한다. 또한 XDC 진영은 ISO 20022 등 금융메시지 표준의 구현을 추진하여 기존 금융 인프라와의 연계를 강조해 왔으며, 산업계 주요 플레이어들과 협업·파일럿을 통해 금융기관 및 인프라 제공자와 통합 가능성을 모색해 왔다. 공개적으로 언급되는 협력 논의로는 R3, Circle, SBI 등과의 연계 가능성이 거론되어 왔으나, 각 제휴의 범위와 심도는 사례별로 다르므로 구체적 파트너십 내용과 상용화 수준은 공식 발표를 통해 확인할 필요가 있다.

종합하면 JP모건(키넥시스)과 리플은 동일한 시장을 두고 직접 경쟁하는 구조가 아니다. JP모건의 블록체인 전략은 은행 내부 결제·청산·자산관리의 디지털 전환에 집중되어 있으며, 리플은 국경 간 결제 및 유동성 문제를 해결하는 외부 결제 인프라에 집중한다. XDC와 같은 플랫폼은 무역금융·토큰화라는 별도의 틈새를 공략함으로써 전체 금융 생태계에서 특정 역할을 담당한다. 서로 다른 솔루션들이 특정 업무영역에서 상호보완적으로 기능할 가능성을 고려하여 포트폴리오 설계 시 통합적 관점을 취하는 것이 바람직하고 판단된다.

스위프트 vs 리플넷

스위프트(SWIFT)와 리플넷(Ripple Net)의 관계는 언론에서 대립 구도로 단순화하여 보도하는 경우가 많으나, 실제로는 좀 더 복합적이고 상호보완적인 측면이 존재한다. 국제결제은행(BIS)과 국제금융협회(IIF) 등 국제 금융기구는 글로벌 결제 현대화 로드맵 및 상호운용성 협의체를 통해 기존 메시지 인프라와 새로운 실시간·토큰화 결제 방안의 공존과 협력을 강조해왔으며, 스위프트와 리플 네트워크는 이러한 국제적 논의의 공식적인 참여자들 가운데 하나로 인정받고 있다. 양측은 실시간 결제·청산의 효율화, 비용 절감 및 글로벌 송금의 신속성 제고라는 공동 목표를 향해 기술적 상호연계 및 표준 정합성 확보 방안을 모색하고 있다.

스위프트는 전통적으로 글로벌 금융 메시징 인프라를 제공해 왔으나, 메시지 표준의 현대화(ISO 20022 채택)와 더불어 블록체인 기반 실시간 결제망과의 통합 가능성을 모색하는 방향으로 전환하고 있다. 스위프트는 이미 ISO 20022로의 이행을 통해 더욱 정형화된 금융 데이터 표현을 확보하였고, 토큰화된 자산의 글로벌 결제 인프라와 관련된 파일럿 테스트를 진행하며 청사진을 제시한 바 있다. 이러한 움직임은 스위프트가 블록체인 결제 기술을 배제하는 대신에 기존 메시지 인프라의 데이터를 블록체인·토큰화 결제망으로 확장·연계하려는 전략을 취하고 있음을 시사한다.

반면 리플은 명확히 '대체(replacement)'를 목표로 기술을 개발해 온 기업이며, 단순한 파트너십 모색을 넘어 글로벌 결제 시장에서 기존 체계의 점유율을 확대하겠다는 의지를 공개적으로 표명해 왔다. 리플의 최고경영자 브래드 갈링하우스(Brad Garlinghouse)는 공개 발언에서 리플(또는 XRPL 기반 유동성 솔루션)이 2030년까지 스위프트 시장 규모의 상당 부분을 차지할 수 있다고 전망한 바 있는데, 구체적으로 리플이 2030년경 스위프트의 글로벌 유동성(또는 결제량) 중 약 14%를 점유할 수 있다는 취지의 발언을 한 것으로 알려져 있다. 이 같은 전망은 리플이 단순한 보완책이 아니라 기존 금융 메시지·결제 생태계에 실질적 대안을 제시하려는 전략적 목표를 갖고 있음을 보여준다.

즉, 스위프트가 ISO 20022 등 메시지 표준화를 통해 블록체인·토큰화 결제와의 연계를 추진하고 있고, 리플은 외부 결제·유동성 솔루션으로 시장 점유율 확대를 목표로 하며, 국제금융기구들은 양자 간의 상호보완적 협업과 표준 정합성 확보를 공통 과제로 인식하고 있다.

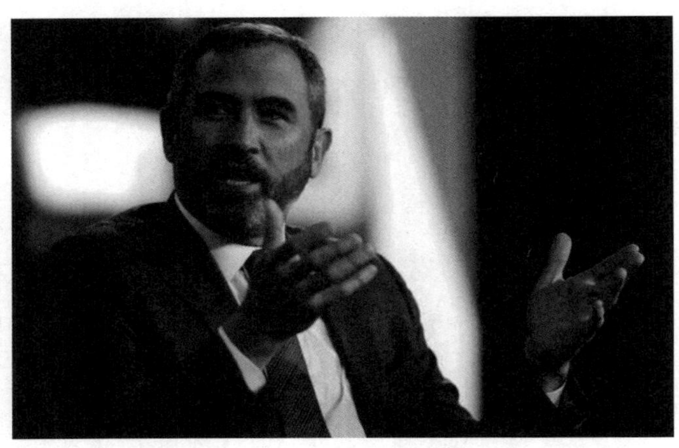

브래드 갈링하우스는 싱가포르에서 열린 'XRP APEX 2025' 행사에서 리플이 향후 5년 내에 글로벌 송금 인프라 SWIFT의 거래량 14%를 점유할 수 있다고 전망했다. (자료: 블록미디어)

　　　　　PART 8 | 리플, 어떻게 투자하는 게 좋을까?

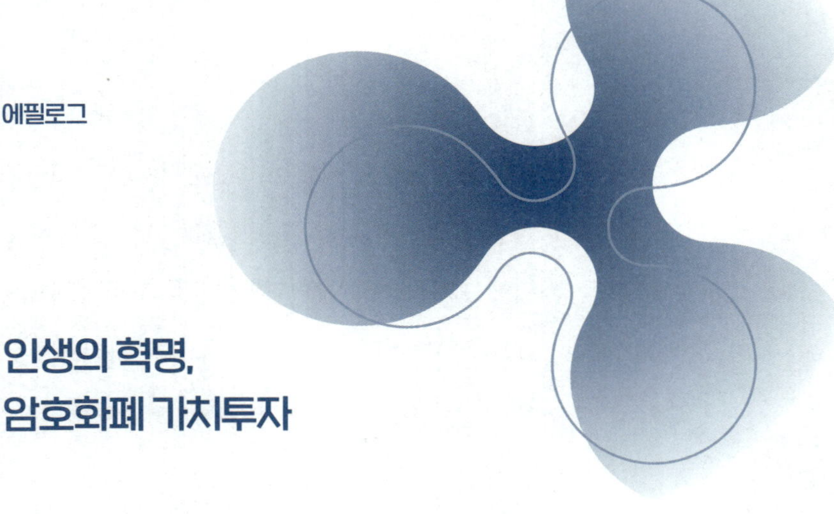

인생의 혁명,
암호화폐 가치투자

암호화폐 투자 주의 사항

암호화폐 투자를 준비할 때 반드시 명심해야 할 사항이 있다. 특히 차트 분석과 시장 동향에 대해 진정성 있는 학습을 하지 않았거나, 하루 8시간 이상 트레이딩 화면을 집중해서 볼 여건이 되지 않는 투자자라면 선물옵션을 이용한 단기 매매, 즉 선물 단타 거래는 반드시 피해야 한다. 단기간의 극심한 변동성에 휘둘려 오히려 무리한 손실과 심리적 피로, 재정적 위험에 노출되기 쉽기 때문이다.

또한 최근에는 유튜브를 비롯한 각종 온라인 채널을 통해 암호화폐를 공부하려는 투자자들이 많아졌으나, 그 과정에서 전화번호를 요구하며 리딩방으로 유도한 뒤, 가상 플랫폼을 통해 투자자금을 탈취하는 '리딩방 사기' 피해가 급증하고 있다. 익명의 온라인 커뮤니티, 무작위 메시지, 스팸 홍보 등에 쉽게 현혹되지 않도록 각별히 주의해야 하며, 신뢰할 수 있는 공식 정보와 검증된 교육자료를 통해 꾸준히 공부하는 것이 무엇보다 중요하다.

결국 투자 성공의 본질은 조급함과 탐욕이 아니라 평범한 원칙과 지속적 자기계발에 있다. "클리셰 속에 성공이 숨어 있다"는 명언처럼, 남의 말에 흔들리기보다 기본에 충실한 장기 가치투자의 길을 묵묵히 걸어가는 이가 최종적으로 결실을 거두게 될 것임을 다시 한번 강조한다.

리플은 디지털 다이아몬드

코인에 투자하는 사람은 매우 많지만 아직까지도 누군가에게 암호화폐에 투자한다고 말하는 것이 조금은 조심스럽다. 2024년 1월 비트코인 현물 ETF가 승인되고 시간이 꽤 지난 현재까지도 대다수의 사람은 크립토(Crypto) 산업에 관해 좋지 않은 인식을 가지고 있다. 어쩌면 이것이 우리가 기회의 시기에 살고 있다는 것을 의미할지 모른다. 나는 다가오는 혁신이 바로 리플을 필두로 한 블록체인 혁명이라고 생각한다. 머지않은 시점에 리플을 통한 전 세계 가치의 이동이 자유로워지는 '가치의 인터넷' 시대가 펼쳐질 것이다.

리플 투자를 통해 단순한 코인 재테크로 얻는 수익이 아닌 인생을 바꿀 수 있는 기회로 삼으며 중장기적인 안목으로 가치투자 하기를 권장한다. 비트코인이 디지털 금, 이더리움이 디지털 오일이라면 리플은 디지털 다이아몬드라고 생각한다. 아마 시간이 지날수록 많은 사람들이 더 크게 느낄 것이다. 진정한 블록체인의 심장이 리플이라는 것을. 리플에 가치투자를 하고 있다면 누군가의 말에 휘둘리지 말고 본인만의 길을 걸어가길 바란다.

암호화폐뿐만 아니라 재테크 수단으로 잘 알려진 부동산과

모자르푸 재단에서는 2030년의 비전을 제시하고 있다. (자료: 모자르푸 재단 홈페이지)

주식의 가격 또한 수요와 공급 법칙으로 형성된다. 비트코인 역시 다가오는 디지털 시대에서 새로운 '가치 저장 수단'으로 서 큰 가치 상승이 있을 것이다. 시간이 지날수록 국가 단위로 비트코인에 대한 가치를 인정하고 수용할 것이기 때문이다. 이 것에 대한 힌트는 블랙록을 필두로 한 세계 최대 자산운용사 들의 현물 ETF 출시를 통해 알 수 있다. 전통금융과 블록체인 이 결합하는 시대는 거스를 수 없는 흐름이다.

나는 다가오는 반감기 슈퍼사이클에서 비트코인의 상승보 다 리플의 파급 효과가 훨씬 더 클 것으로 보고 있다. 디지털 금융의 시대가 열리면서 CBDC뿐만 아니라 스테이블코인, 암 호화폐들이 자유롭게 이동하는 새로운 스위프트 2.0의 시대 가 온다면, 리플원장은 암호화폐를 위한 거대한 운동장 역할 을 할 것이다. 거기에서 리플은 국가 간 도매거래를 할 때 기관 들이 채택하는 유틸리티를 가지게 될 것이기 때문이다.

리플의 공급량은 1,000억 개로 유한하지만 기관의 대량 채 택으로 발생하는 큰 수요를 통해 거대한 유틸리티로서 소각과 가치 반영을 보여줄 것이다. 내가 바라보는 리플의 진정한 효 용성을 자랑하는 시기는 대략 2030년 이후이다. 그 이유는 빌 & 멀린다 게이츠 재단과 록펠러 재단이 뒷배로 있는 모자르푸

재단에서 2030년의 비전을 제시하며 전 세계 80억 인구를 포
용하는 금융 포용성과 상호운용성을 준비하고 있기 때문이다.
많은 투자자가 리플 가격이 전고점인 약 5,000원만 넘어도 시
장을 떠나갈 것이다. 사실 그 정도만 수익을 봐도 아주 좋은 수
익률임에는 틀림없다.

2025년 현재 리플의 미래가치는 기존 어떤 주식과도 직접
적으로 비교할 수 없는 새로운 차원의 성장성을 보여줄 것으
로 전망한다. 역사적으로 애플, 구글, 아마존, 마이크로소프
트, 메타, 테슬라 등이 20년 동안 2,000배에서 3,000배에 이
르는 가치 상승을 실현한 바 있으나, 리플은 글로벌 디지털 인
프라로서 이보다 훨씬 더 짧은 시간 내 폭발적 성장의 가능성
을 품고 있다. 나는 리플의 10년 기준 목표 상승률을 1,000배
이상으로 보고 있으며, 이는 결코 과장이 아니다.

시장 전망 자료에 따르면, 2030년을 전후해 리플은 블록
체인 글로벌 결제 표준의 핵심 인프라로 자리 잡으며 평균 10
달러, 보수적 시나리오에서도 29~70달러, 극단적 강세장에서
는 100달러 이상까지 가격이 오를 수 있다는 예측이 잇따르
고 있다. 이러한 폭발적인 성장동력의 근간은 리플이 SWIFT,
BIS 등 글로벌 금융 인프라와 직접 연결·통합되며, CBDC,

RWA, 스테이블코인 등 실물경제와 토큰경제의 '가치의 다리'로 기능한다는 점이다.

아직은 리플이 전 세계 인구 0.02% 미만의 참여율을 기록하고 있어, 오히려 지금이 초기 시장 진입의 마지막 기회이자 10년 내 글로벌 디지털 자산 패권의 주도 세력이 될 잠재적 기로에 서 있다. 투자자들이 리플의 가격 단기 변동만 집착하지 않고, 블록체인 인프라 채택·글로벌 결제시장 점유율·기관 대량 유입 등 근본적인 가치와 구조적 유틸리티에 주목한다면, 중장기적 비전을 갖고 투자에 임하는 것이 현명할 것이다.

리플 투자에 있어 2030년을 목표로 삼으라 권한다. 남은 시간 6년은 결코 길지 않다. 암호화폐시장·금융 질서의 변화 속도, 메가 트렌드의 등장, 국가 단위의 정책 전환 등, 세상은 시간이 갈수록 더 빠르게 전환될 것이다.

그리고 리플은 반드시 장기적 관점으로 최소 1만~2만 개까지 노후자금 분산투자 자산으로 가져가길 강조하고 싶다. 반드시 가치투자의 철학으로 미래의 흐름을 읽는 안목을 가지고 리플 투자 여정에 임하기 바란다.

타임 레버리지가 보내준 귀인

나는 운이 좋은 사람이다. 유튜브 채널 'Time Leverage(타임 레버리지)'를 운영하면서 훌륭한 인생 선배님들뿐 아니라 영향력 있는 분들과 직접 만나고 소통해 왔다. 아마 직장생활만 했더라면 이런 일은 일어나지 않고 기회조차 없었을 것이다. 여기에 내 인생에 큰 도움을 주신 '귀인'이라고 여기는 세 분의 소중한 인연을 소개하고자 한다.

먼저, 내 유튜브 타임 레버리지 콘텐츠에 감동받았다며 메일을 보내주시고 식사 자리에 초대해 주신 이태원 레스토랑 '더젤(The Jell)' 대표님. 놀랍게도 그분은 7년 전부터 음식 값을 암호화폐로도 받아오셨다. 어렸을 때부터 독일에서 와인을 공부하며 발효음식에 매료되어 관련 분야의 식견을 쌓으셨다. 그래서 와인뿐만 아니라 다양한 음식에 대한 높은 안목을 갖고 계신다. 지금은 사업을 정리하여 더 이상 그 레스토랑에 가볼 수 없지만 작은 재료 하나에도 좋은 것을 고집하고 정성을 들였던 그의 음식은 감히 말로 표현하기 어려울 정도로 맛있었다.

또한 대표님은 내가 소통하는 지인 중 부의 상위 그룹 반열에 오른 사람 중 한 명이다. 어쩌면 내가 평생 만나지도 못할 부자이기도 하다. 그렇지만 나를 아껴주셔서 여러 번 함께 식사하고 커피를 마시며 이야기를 나누었다. 그런 시간을 통해 느끼고 배운 것들이 많다. '세상에 공짜는 없다'는 깨우침, '돈이 많다고 해서 헤프게 쓰면 안 되고 돈의 소중함을 아는 것에서부터 부가 시작된다'는 가르침, '돈이 전부가 아니다'라는 신념 등. 스노우폭스(SNOWFOX)를 8,000억 원에 매각한 김승호 회장의 말처럼 돈은 인격체로 대해야 하고 중력의 법칙을 무시하지 못한다는 것을 그분을 통해 다시 한번 체감할 수 있었다.

다음으로 내가 가장 몰입하여 분석하고 가치에 집중하는 '리플(Ripple)'의 공식 파트너사 카탈라이즈 리서치(Catalyzed Research) 대표님을 소개한다. 유튜브를 운영하다 채널이 성장하고 영향력이 생기면 다양한 기회를 얻게 되고 협업 제안도 받는다. 나는 재테크로 암호화폐 투자를 다루는 유튜버이기에 해외 거래소에서 레퍼럴 코드(Referral Code, 레퍼럴 마케팅으로 제삼자가 고객을 소개해 주는 시스템)를 활용한 선물 거래 유도 협업 제안이 수시로 들어온다. 하지만 선물과 단타 거래에는 관심이 없다. 물론 그 영역도 전문가들이 존재하고 잘할 경우 좋은 수익률을 만들 수 있지만 내가 추구하는 투자는 그와 상반된 가치투자이다.

투자의 귀재라고 불리는 워런 버핏(Warren Buffett), 피터린치

(Peter Lynch), 벤자민 그레이엄(Benjamin Graham)과 같은 인물들은 모두 오랜 시간 믿고 인내하여 가치투자를 한 사람들이다. 암호화폐에서도 내가 추구하는 투자법은 가치투자이다. 그렇기에 협업 제안 이메일이 왔을 때 반가움보다는 '또 해외 거래소에 온 레퍼럴 제안이겠지' 하는 생각이 들어 이제는 무덤덤해졌다.

그런 가운데 내게 너무나 반가운 협업 제안 메일이 온 경우가 있었다. 아직도 그 순간을 잊을 수 없다. 바로 국내 유일무이한 리플사의 공식 파트너사인 카탈라이즈 리서치 대표님의 협업 제안이다. 아직까지도 믿기지 않지만 감사하게도 먼저 협업을 제안해 주었다. 대표님을 실제로 만나보니 나와 한 살밖에 차이 나지 않은 동년배였다. '어떻게 이 나이에 Web 3.0 벤처캐피털 회사를 창업할 수 있는지!' 세상에는 정말 난다 긴다 하는 사람이 많다는 것을 다시 한번 느끼게 해주는 인물이었다. 타임 레버리지의 4차, 5차 콘퍼런스에는 카탈라이즈 리서치와 함께 행사를 홍보하기도 하였다. 앞으로도 계속 좋은 인연으로 발전하기를 기대한다.

마지막으로 이 책을 낼 수 있게 제안해 주신 가디언 출판사 대표님. 대표님은 내가 책을 쓸 수 있게 용기를 불어넣어 주신 분이다. 더욱이 나를 만나기 위해 내가 사는 아파트 앞까지 와 주셨다. 대표님을 처음 만났을 때 조촐한 커피 한 잔밖에 대접하지 못했는데 그분은 책을 2권이나 선물해 주셨다. 대표님께 나를 찾아온 이유를 들었을 때는 온몸에 전율이 흘렀다. 나와 생각이 같고 마음이 맞아 그 순간 '진심은 통하는구나', '앞으로 더 열심히 해야겠다' 하는 마음이 크게 들었다.

굳이 내가 아니어도 수많은 코인 유튜버, 암호화폐 전문가들 중 한 사람을 찾아갈 수도 있었을 것이다. 하지만 그분이 나를 선택한 이유는 내 유튜브 영상에서 느껴지는 진심과 신뢰라고 답해 주셨다. 수없이 많은 사람들을 만나고 그만큼 많은 책을 내온 출판업 32년 차 베테랑이 나를 알아봐 준 것이 너무 감사했고 영광스러웠다. 기분이 너무 좋은 나머지 온몸에 소름이 돋았고, 기필코 타임 레버리지만의 책을 써서 많은 사람들에게 도움을 주겠다고 다짐했다. 그분과의 만남을 통해 또 한 번 도전 의식과 내 가치를 실현하고자 하는 동기부여를 얻을 수 있었다.

가치를 좇는 삶과 투자

나는 블록체인 개발자도 아니고, 투자 전문가도 아니다. 그러므로 언제나 대중 앞에 설 때에는 겸손한 마음가짐을 잃지 않으려 한다. 이 책은 내게 위대한 도전이자 자신을 성장시키는 보람찬 여정이었다. 내 인생 비전은 '나의 경험과 학습을 통해 타인에게 진정한 도움과 동기부여를 주는 존재가 되는 것'에 있다. 누군가에게 도움을 줄 수 있다는 것은 그 무엇과도 바꿀 수 없는 최고의 행복이며, 존중받는 순간에 내 존재의 의미를 새삼 깊이 느낀다. 나는 단순히 돈을 좇기보다는 가치를 좇으려 하며, 그 과정에서 매일 새로운 감사함을 배운다. 유튜브를 통해 구독자들과 소통하고, 라이브 방송에서 응원을 받으며, 이 책 집필이라는 소중한 기회를 얻는 등 모든 것들이 내 인생에 진정 큰 축복임을 절감한다.

원고를 집필하며 겪었던 어려움조차 나의 지식과 사고의 지평을 넓히는 소중한 시간이 되었다. 유튜브 콘텐츠 제작 과정에서 쌓은 경험을 글로 다시 풀어내는 내내, 나는 자신이 한층 성장하고 있음을 실감했다. 이 집필 자체가 앞으로 더 강한 영향력을 가질 수 있는 든든한 토대가 될 것임을 믿어 의심치 않는다. 나의 궁극적인 목표는 대한민국 국민이 암호화폐 투자를 올바로 이해하고 성공적으로 실천할 수 있는 환경을 만드는 데 있다. 이를 위해 '암호화폐 투자 사관학교' 설립을 꿈꾸고 있으나, 이는 단기적으로 이룰 수 없는 장기 과제라는 것 또한 잘 알고 있다. 앞으로 10년, 삼십 대의 시간 동안 천천히 단련하고 성장하여 결국 선한 영향력을 갖춘 학교장의 꿈을 이루고 싶다.

독자 여러분도 하루하루를 허투루 보내지 않고 의미 있고 가치 있게 살아가시길 진심으로 바란다. 아침에 눈을 뜨고 하루를 시작함에 감사하고, 저녁에 돌아갈 집이 있다는 사실에 감사하며, 함께 인생을 나누는 사람들이 곁에 있음에 감사한다면 인생에는 긍정의 흐름이 자연스레 깃들 것이다. 마치 눈덩이를 굴리는 것처럼 작은 감사의 습관은 점차 커지며 여러분 각자의 삶을 가치 있는 방향으로 변화시켜 줄 것이다. 행복한 삶을 살기 위해서는 반드시 건강이 뒷받침되어야 하니, 운동을 매일의 루틴에 꼭 포함하시길 권한다. 나 또한 아직 성장 과정 속에 있지만, 앞으로도 타인에게 큰 도움이 되는 사람이 되고 싶은 열정으로 오늘도 힘차게 나아가겠다.

비록 미흡할지라도 부족한 저의 책을 읽어주시고 아껴주신 독자 여러분께 진심으로 감사드린다. 독자 여러분의 성공적인 투자와 건강한 인생을 마음 깊이 응원한다.

리플 빅뱅

미래 글로벌 금융, XRP가 지배한다

초판 1쇄 발행	2024년 9월 27일
초판 7쇄 발행	2025년 8월 5일
개정증보판 1쇄 발행	2025년 9월 27일

지은이	문창훈
펴낸이	신민식
펴낸곳	가디언
출판등록	제2010-000113호

주소	서울시 마포구 토정로 222 한국출판콘텐츠센터 419호
전화	02-332-4103
팩스	02-332-4111
이메일	gadian@gadianbooks.com

CD	김혜수
편집	허남희
마케팅	남유미
디자인	미래출판기획

종이	월드페이퍼(주)
인쇄 제본	(주)상지사

ISBN	979-11-6778-168-0(03320)